成人高校课程思政的实践研究

主　编　蒋中华
副主编　尤艳丽　鲍国政

西南交通大学出版社
·成都·

图书在版编目（CIP）数据

成人高校课程思政的实践研究 / 蒋中华主编. —成都：西南交通大学出版社，2020.10

ISBN 978-7-5643-7673-4

Ⅰ. ①成… Ⅱ. ①蒋… Ⅲ. ①成人高等学校 - 思想政治教育 - 研究 - 上海 Ⅳ. ①G724

中国版本图书馆 CIP 数据核字（2020）第 192144 号

Chengren Gaoxiao Kecheng Sizheng de Shijian Yanjiu

成人高校课程思政的实践研究

主编　蒋中华

责任编辑	罗爱林
封面设计	GT 工作室
出版发行	西南交通大学出版社 （四川省成都市金牛区二环路北一段 111 号 西南交通大学创新大厦 21 楼）
发行部电话	028-87600564　028-87600533
邮政编码	610031
网　　址	http://www.xnjdcbs.com
印　　刷	成都蜀通印务有限责任公司
成品尺寸	170 mm × 230 mm
印　　张	13.5
字　　数	201 千
版　　次	2020 年 10 月第 1 版
印　　次	2020 年 10 月第 1 次
书　　号	ISBN 978-7-5643-7673-4
定　　价	98.00 元

前言

PREFACE

本书是上海市静安区业余大学、上海开放大学静安分校的专业教师对“课程思政”所进行的实践总结与理论探讨的汇编，也是上海市静安区教育局立项的全国教育科学“十三五”规划教育部重点课题“深化教育个性化：发达城区提升学生核心素养的实践性循证研究”的子课题“课程思政促进师生终身学习协同发展”的阶段性研究成果。

习近平总书记在全国高校思想政治工作会议上强调，“要用好课堂教学这个主渠道，……使各类课程与思想政治理论课同向同行，形成协同效应”。①学校认真学习贯彻习近平总书记讲话精神，围绕“立德树人”的总目标，不忘“立德树人”的教育初心，做到“润物细无声”的价值引领。我们确定的总的原则是：在课程教学中融入思想品德教育的要素，紧密结合学生和教师的现实发展需求，把“终身学习”理念通过具体的实践

① 习近平在全国高校思想政治工作会议上强调：把思想政治工作贯穿教育教学全过程　开创我国高等教育事业发展新局面[N]. 人民网—人民日报，2016-12-09（1）.

机制传播开来，内化为师生的共同追求，展现为师生的积极行动。这里有必要对学校开展课程思政行动的背景与过程做一个概括回顾。

一、确立协同发展目标

成人高等教育是社会培养人才的重要组成部分，必须始终坚持社会主义办学方向，坚持“立德树人”的教育初心，培育时代新人。学校40岁以下的教师占60%以上，需要引导教师以德立身、以德立学、以德施教。2013年，学校以“学生社团促进师生协同发展”为主题开展实证研究，由青年教师担任辅导员，学生社团活动将学生吸引到校园、课堂和社区，强化师生的归属感。2017年，学校抓住课程思政的“三全育人”[①]属性，聚焦终身学习，进一步确立师生协同发展目标。我们初步认定：构建成人高校思想政治教育教学体系，将思政教育融入全部课程，演化为“终身学习”“职业精神”的课程思政，有助于培养学生和教师的可持续发展意识和能力。

二、强化教师育人意识

2014年《上海市教育综合改革方案（2014—2020年）》指出要遵循教育规律，回归育人为本。成人高校担负着培育时代新人的任务。学校将强化教师育人意识作为重点，抓好每年师德主题月建设。2017年6月，学校举办“从专业思政到人人思政”师德主题论坛，践行三全育人。2018年6月，学校以“迎接教师的时代”为主题举办师德主题活动，弘扬高尚师德。2019年6月，学校以“我和我的祖国”为主题，通过主题论坛、劳模进校园等一系列特色活动，凝练师德师风，提升教师素养。

三、深化课程思政研究

学校发挥终身教育研究所的智库作用，聚焦社会主义核心价值观、终身学习、职业精神等关键词，探索成人教育课程思政的有效途径，从“思政课”“综合素养课”“专业课”三个途

---

①“三全育人”即全员育人、全程育人、全方位育人。

径构建课程思政教育体系。2018年年初，学校以“课程思政促进师生终身学习协同发展的研究”为主题开展循证研究，以理论促进行动，以效果提炼精神，“习近平系列重要讲话精神融入‘概论’课实践研究”“上海市成人高等学校课程思政融合机制实践研究”等市级课题相继立项。2018年11月，学校召开“着力推进课程思政，落实全国教育大会精神”动员大会，组织教师开展线上课程思政研讨，探索线上线下课程思政实践路径。11月22日，上海开放大学在学术活动月举行“立德树人：课程思政的新理念、新举措”主题研讨会。此次研讨会为静安专场，在该校举行。上海开放大学党委书记楼军江的讲话为开展成人课程思政进行了指导，再次助推学校课程思政的进一步探索与实践。2019年，学校以专业、课程为单元，聚焦核心价值观等关键词，开展教学资源建设和教学模式创新。学校每位教师在授课计划中明确课程思政实施的内容和措施，学期结束撰写教学反思论文，特别是对课程思政的反思。经过遴选，28篇课程思政研究论文于今编辑成册。

四、探索润物无声育人

把“三圈三全十育人”具象到各类课程教学中，需要在内容上贴切、形式上多样、目标上精准。在课题组和有关部门的推动下，学校教师开动思想，创造出多姿多彩的个性化教学案例。2018年12月，学校举办“终身教育教学模式发展研讨会”，政法教研组以“生活化教学模式”展示学校思政课程混合式教学改革的成果。2019年上海开放大学总校要求在课程教学中实施课程思政计划，静安分校选择重点推进的学科设置“课程思政奖”，积极组织学生参与总校的各项思政教育以及课程实践活动。课程思政聚焦教师和学生的发展需求，将“终身学习”理念内化为师生的共同追求，展现为师生的积极行动，如在创业大赛、青年教师教学比赛、“我和我的祖国”快闪视频拍摄、红歌会等活动中，学校师生的参与率都比较高，并取得良好的成绩。学校思政工作团队带领学生参与社区共建，在重要节庆日深入社区开展公益活动，让学生树立服务社会、坚定信念、志愿奉献的思想，广泛宣传终身学习。课程思政工程瞄准教师和学生的发展需求，通过价值引领端正教师的职业观，端正学生的学习观。通过具体的教学培训、教学交流和科学的教学规范指引，教师和学生都能切实感受到有所收获、有所进步。在校内外的各类教学比赛和思政征文活动中（包括开放大学组织的创业大赛、青年教师教学比赛、庆祝新中国成立70周年网上知识竞赛等活动），学校教师和学生的参与率与获奖率都比较高，体现了课程思政工程的贡献。

我们的课程思政行动，不是临时起意，不是应景之作，是在“十二五”期间的“学生社团”工程铺垫下的个性化办学的延伸，是主动思考、落实党和政府“立德树人”“办人民满意的教育”的必然选择，是回归教育本真、体现终身教育初心的高位发展战略。在课程思政推进过程中，我们的一些研究项目也吸引了兄弟学校的专业教师参与行动，他们或参与组织调研，或参与课程改革，或撰写研究文章，为在区办成人高校中推广课程思政做出了一定的贡献。

我们的行动，在一定程度上体现了上海成人高校对于上海课程思政工程的补足，扩大了学校在终身教育领域、成人教育界的影响，使我们对办好具有静安特色和开放教育特色的人民满意的终身教育，有了更大的信心。

蒋中华

2020年8月

目录 CONTENTS

综合研究

构建成人高校“课程思政”教育教学体系的文献综述 …… 朱 漪 003
大思政理念下成人高校“课程思政”的改革探究 …… 董珏慧 011
成人高校非思政类人文社会学科的育人教学 …… 鲍国政 020
基于“课程思政”的教师胜任力维度研究 …… 宋 斌 030

专业建设研究

协同视域下成人高校信息专业课程思政教学探索与实践 …… 陈洁菲 041

酒店管理专业入学教育课程思政实践与反思 ………… 杨玉明 049
关于成人高校会计专业"课程思政"建设的几点思考
——以上海市静安区业余大学为例 …………………… 沈雨蕾 054
成人高校专业课程思政建设实践研究
——以上海市静安区业余大学绘画专业为例 ……… 许 畅 062
成人高校物流专业课程思政实践研究 …………………… 毛云飞 069
课程思政下业余制高校行政管理专业的学科建设策略
…………………………………………………………………… 许建芸 075
浅论中医养生保健专业建设中的课程思政教育
………………………………………………………… 鲍国政 卢春香 081

教学实践研究

在成人教育"管理学"课程中落实立德树人的探究
——以"时间管理"一课为例 ………………………… 金子旸 093
计算机信息专业组基于程序设计课程的思政建设
——以上海市静安区业余大学为例 …………………… 方思敏 100
计算机操作系统课程中同步互斥章节教学设计
——上海市成人高校课程思政的探索与实践 ……… 邵振杰 106
成人英语教学中"课程思政"的实践与探索 ………… 黄一乐 111
基于"1-3-8"模式的"成本会计学"课程思政教学设计初探
…………………………………………………………………… 陈维良 116
大数据时代下统计课程教学中道德素养培养策略分析
…………………………………………………………………… 洪春辉 125
关于成人高校管理会计课程思政现状的研究 ………… 杨俊捷 131
成人高校英语专业精读课程思政教学设计与实践
——以上海市静安区业余大学2019级商务英语专业
"精读预备级"课程为例 …………………………… 刘倩芸 138

课程思政背景下情境教学法的运用——以物流管理教学为例
…………………………………………………………………………… 沈　力　148
从“思政进课堂”看换位思考法在人力资源管理教学中的应用
…………………………………………………………………………… 沈　豪　157
情境教学法在成人高校课程思政教学中的初步应用
——以上海开放大学“老年社会工作概论”课程为例
…………………………………………………………………………… 汤梦辰　163
“应用文写作”课程思政教学实践的探究 ……………… 陶　曦　169
实践教学环节在“社会调查实务”课程中的探索与运用
…………………………………………………………………………… 吴天颖　175
运用混合式教学模式开展课程思政的探索
——以上海开放大学行政管理专业“西方行政学说”为例
…………………………………………………………………………… 张歆涵　182
成人高校课程思政的教学案例实践——以“公共关系学”为例
…………………………………………………………………………… 赵文淳　189
“社会问题——社会保障概论讲座”融入课程思政教学的探索
…………………………………………………………………………… 周家源　194
思政课“脱口秀”的实践探索 ………………朱　漪　顾聪超　200

PART ONE

综 合 研 究

构建成人高校“课程思政”教育教学体系的文献综述

◎ 朱 漪

摘　要：当下思想政治课教学改革主要聚焦构建“课程思政”、教育教学体系和“生活化”“混合式”教学模式两个方面。其中，“课程思政”着眼于构建“三位一体”的“三全”教学体系，“生活化”教学模式着眼于思政课回归学生生活，“混合式”教学模式着眼于线上线下教学空间的有机结合。这些教学改革都是先从普通高校或基础教育开始探索的，然后才拓展到成人高校。本文介绍了普通高校思想政治理论课教学改革基本情况，提出了成人高校教学改革是其基本思路。成人高校思想政治理论课要符合成人大学生生活化、实践性特点，符合成人高校教育规律，着力构建成人高校特色的思想政治理论课教学体系和教学模式。

关键词：课程思政；生活化教学；混合式教学；文献综述

一、“课程思政”教育教学体系实践探索情况

课程思政是高校思想政治理论课教学改革的一个新举措。最为权威的实践动态莫过于 2017 年 2 月 23 日至 24 日在北京召开的 2017 年度高校思想政治工作研讨会，专门研讨“三位一体”教学体系。这次会议提出了要探索构建思想政治理论课、综合素养课程、专业课程“三位一体”的思想政治教育教学体系，使各类课程与思想政治理论课（简称“思政课”）形成协同效应，从而实现从“思政课程”主渠道育人向“课程思政”立体化育人的创造性转化。其中，根本性的变化是从“思政课程”到“课程思政”。在保留原有思想政治理论课的基础上，强化了综合素质课程和

专业课程的德育功能。三门课程的功能定位不同，在价值德育教育方面发挥各自的独特作用。思想政治理论课的功能是价值教育，综合素质课程的功能是价值引领，专业课程的功能是价值渗透，从总体上构成一个全新的“课程思政”大体系。这里其实就是把原来的思想政治理论课的小思政课，扩大为融入思想政治教育的综合素质课程和专业课程的大思政课。进而，要转变概念，以后思政课不再是思政课教师一家的事情，而是全体教师都要参与的事情，包括领导在内都要承担思想政治教育的重任。

在这种形势下，面对思政课不够吸引学生的问题，传统思政课要进一步加大改革力度，发挥解决学生思想问题的独特系统性优势，通过生活化、混合式教学模式改革来增强教学的吸引力。而综合素质课程是这几年兴起的一门思政课，各个学校都在发挥自己的资源优势来打造自我品牌的综合素质课。例如，复旦大学通过“请进来”的方式，让“社会”走进校园。学校社科部与校党委宣传部一同举办了“复旦大学中国市长论坛”。近年来，该论坛先后邀请了全国各地 40 多位市长来学校向学生介绍在科学发展观的指导下，各省、市改革开放和现代化建设的实践探索、经验总结。“复旦大学中国市长论坛”是思政课社会实践形式的创新，解决了学分制背景下大学生社会实践难以落实的问题，取得了很好的效果，已成为复旦大学社会实践环节的一个品牌，曾获得上海市教学成果一等奖、国家教学成果二等奖。普通地方院校也有自己特点的综合素质课程。

例如，山东经贸职业学院开展“全面提升大学生综合素质打造品牌院校”。在课程群构建上：学院积极开发工学结合职业综合素质教材，以“思想政治素养”“人文素养与身心发展”“文明道德修养”“法纪与安全素养”“职业核心素养”“职业文化素养”6 个模块为主要教育内容，将“思想道德修养与法律基础”“职场礼仪与应用文写作”“艺术与审美养成”“体育与心理健康”“大学生创新与创业指导”等 5 门课程，按照省级精品课程群标准，构建了适合供销行业和财经商贸专业学生需要的大学生职业综合素质课程群。在此基础上，学院又增设了“国学经典”“KAB[①]创业基础必修课程”“创客教程”等综合素质教育必选修课程。还与企业开发了《职场礼仪与沟通技巧》《审美与艺术养成》《职业规划与就业指导》3本职业综合素质教材。在教学改革上：完善了《大学生职业综合素质教育课教学模式改革方案》。“大学生职业综合素质教育课教学模式改革与实践”教学改革课题也通过验收。2015 年，学校“高职院校思想政治理论课专题化教学模式创新研究”获得省级立项。这些优质的教育资源，为提升大学生的综合素质搭建了舞台。

专业课的价值渗透，过去叫专业课的德育渗透，现在已有不少这方面的实践成果，如专业课渗透德育的原则、渗透的优势和渗透的方法等。原则方面，王晓虹、魏荣提出了有意原则、有机性原则、因“材”施教原则等。具体渗透方法方面，陈斌提出了自然渗透法、寓教于做法、引申发挥法等。不少教师认为专业课渗透德育具有得天独厚的优势。例如孙可在《职高电子专业课德育渗透教学之我见》一文中认为：其一，电子专业课知识的教学与生活实际的应用相结合，可以激发学生的学习兴趣，明确学习目的。知识来源于生活又应用于生活，在教学中，通过说明电子专业课在日常生活、生产、科技方面的广泛应用，可以不断地激发学生的学习兴趣，调动他们学习的主动性和积极性，深入浅出地对学生进行学习目的的教育，让学生把今天的学习同自己周围的生活逐步联系起来。其二，电子专业课历史的教学及统计材料的搜集，可以培养学生强烈的自尊心和自豪感，激发学生在礼貌行为上的修养。近年来，我国在许多领域取得了举世瞩目的成就，用数据说话是最生动具体、最具有说服力的。其三，电子专业课知识强烈的现实性和内在联系，对学生世界观的启蒙教育有特殊的有利条件。电子专业课知识虽然具有高度的抽象性，但它都是从客观实际和需要抽象出来的，凭着这一点，可对学生渗透一些“实践第一”的观点。

以后需要推进的工作：一是根据最新高校思政工作会议精神，探索

① KAB 全称为 Know About Business，即了解企业，是国际劳工组织为培养大学生的创业意识和创业能力而专门开发的教育项目。

具有成人高校特点的课程思政教学体系，切切实实把大思政课落在实处，担负起成人高校“立德树人”的教学育人责任。学校领导要宏观谋划课程思政体系，采取切实有效的措施有力推进课程思政建设。二是要总结过去分别在思政课教学改革、综合素质课建设、专业课渗透德育的有益经验，防止简单重复过去的做法，要探寻符合现在成人大学生特点、教学教育规律和现代技术条件的新的教学形式，在“三位一体”协调配合上下功夫，避免各自为政的教学改革倾向。

二、思政课生活化教学模式改革状况

生活化教学模式最先是在中小学思政课中开展的一项教学改革项目，其目的是解决中小学生学习政治理论存在的抽象性、不易理解的问题。后来有的大学也开始关注政治理论与大学生实际生活相结合的问题，以提高思政课的亲和力、吸引力和说服力，但是没有出现太多这方面的探究。从基础教育来看，1999 年，我国正式启动了新一轮基础教育课程改革。在课程内容改革方面，《国家基础教育课程改革纲要（试行）》强调“改变课程内容‘繁、难、偏、旧’和偏重书本知识的现状，加强课程内容与学生生活以及现代社会和科技发展的联系，关注学生的学习兴趣和经验，精选终身学习必备的基础知识和技能”。近年来，华东师范大学叶澜教授提出了“让课堂焕发生命活力”的理论，并主持开展课题“‘面向 21 世纪新基础教育’探索性研究”。该课题从时代高度和理论深度两个层面揭示了我国中小学教育存在的主要弊端在于缺乏生命活力，忽视甚至抑制了学生主动性和创造性的发展，并提出了创建符合 21 世纪要求的我国新基础教育的系列理论观点，还进行了创造性的实践研究。目前此项实践已在部分小学开展，并取得初步成效。此后，中小学思想品德课开展了较多的生活化教学实践研究，取得了一定成效。例如，张小平老师的“生活化课堂的构建”、朱德非与马风英老师的“生活化课堂教学策略探索”、成洁老师的“高中思想政治课生活化教学模式初探”、林莉老师的“论思想政治课的生活化教学模式”、姜晓眉老师的“创设思想政治课生活化教学情境的策略研究”等。

中学生的理论思维能力较差，需要借助生活化教学模式来帮助他们更好地消化抽象理论。生活化教学模式已经在中学得到高度重视，通过实践取得了一定成效，可是在高校还鲜见有这方面的实践研究。而高校思想政治理论存在与大学生的实际生活难以结合的问题，也存在着思想政治理论难以转化为实践的问题。高校与中学一样，也应该通过生活化教学模式来解决思想政治理论教学脱离学生实际生活的问题，以提高教学效果。上好思政课最关键的是要处理好思政课与学生生活的关系问题，让思政课走进学生的生活，贴近学生的思想特点、贴近学生的实际生活，解决学生的实际思想认识问题，发挥思政课能够使学生树立成功立业思想的独特功能，给学生指出一条光明之路。怎样通过生活化的表达方式来达到思政课的教学目的，无疑是思政课教学改革的一个着力点。一句话，思政课应该也必须生活化，才能有成效。

三、思政课混合式教学模式改革状况

思政课教学模式改革，经历了由单一模式到多个模式融合发展的过程。其间，伴随教学要素的不断增多、调整，融合的内容、方式和手段也会不断更新，融合的名称也各有差异，但总体上是“融合式”“混合式”，现在更倾向“混合式教学模式”。

所谓混合式教学模式，就是把各种教学元素加以组合，形成一种综合性教学模式。例如孙武安和吴文新两位老师创立的“两个挂靠，四个结合”教学模式。为了充分调动学生学习思政课的积极性和主动性，这种教学模式通过“两个挂靠，四个结合”方式把有关思政课教学相关因素有机组合在一起，发挥整体协调、相互制约的功能。“四个结合”是指将教师讲授和学生演讲相结合、课堂教学和社会实践相结合、平时表现和考试成绩相结合、思想政治课教学与培养入党积极分子相结合。“四个结合”反映了思政课教学改革与实践的基本方向、实施路径和通行做法，是必须遵循的教学规律，关键看能不能做到有效结合。“两个挂靠”是指把大学生红色社团与高校思政课教学部门、把全国硕士研究生思政课入学考试与大学思政课学习成绩挂靠起来。“两个挂靠”试图进一步解决学生学习的兴趣与动力问题，较有特色。与这一教学模式相类似的还有王国敏老师提出来的“四化”“三结合”教学模式。

又如，王克和陈新田两位老师提出的“三通”育人模式的探索与实践，目的也是要把方方面面的因素整合与贯通起来，构建新的教学与考核体系。所谓“三通”是指打通“三进”（进课堂、进教材、进头脑）与“三出”（ 出课堂、出教材、出头脑）之间的渠道，课堂的“进”与“出”表明校内教学小课堂与社会实践大课堂的有机结合，教材的“进”与“出”表明拓展学生的阅读范围与认知领域，头脑的“进”与“出”表明力图解决学生真懂、真信的关键问题。王克和陈新田提出，“三通”则“三进”与“三出”相通，最终达到培育人才、树立社会主义核心价值观的目的。

现在，越来越多的教学改革倾向把“课堂”“网络”“实践”融为一体，三者之间合理搭配，优势互补，形成整体合力，构成混合式教学模式。这样做的好处是，扬长避短，避免理论课过多说教、网络课过于零散、实践课没有理论支撑等问题。例如，西南大学马克思主义学院研发的思政课“课堂网络实践”的“三位一体”教学体系入选教育部 2014 年高校思想政治理论课教学方法改革项目“择优推广计划”。网络课程能够满足大家的需求，且时间灵活，随时随地拿出手机就能自学，不需要太多时间就能掌握基本知识。在“三位一体”教学法中，在线自主学习约占总成绩的 30%。为了巩固学习，还在思政课中加入了实践活动，让同学们将价值观通过不同方式展示出来。如大学生以核心价值观、人生价值观为主题，结合本专业特点，创作了大量的诗词、歌舞、绘画等作品，作为实践作业。再如，淮北师范大学建立了“三位一体”综合教学平台，充分发挥思想政治理论课的主渠道作用。通过实施课题型教学，实现“三位一体”综合教学平台互补互动。把课题型教学选题上传至网络教学平台上；在课堂内引导和指导学生选题并组成研究小组；经过实践教学平台，开展课题研究；学生以论文、报告（PPT 形式）等形式上交作业；教师对学生的研究成果进行评阅，并通过多种途径介绍和宣传学生的成果，激发学生学习的积极性。通过对四门思政课的整合，实现“三位一体”的综合教学平台综合互动。通过统一的教学管理，实现四门课程教学过程、教学内容、考核的衔接，实现思想政治理论课课堂、实践、网络三大教学平台的综合与互动。以网络为纽带，以课堂教学为中心，以实践为载体，既实现一门课程的不同教学的协同，又实现四门课程的衔接与协同。

参考文献

[1] 张利华. 生活化教学理论探究[J]. 教育教学研究，2007（4）.

[2] 吴潜涛. 高中思想政治课教学方法改革[J]. 道德与文明，2007（1）.

[3] 石海兵. 高校思想政治课教学方法改革[J]. 思想理论战线研究，2007（7）.

[4] 杜海. 思想政治理论课“课堂网络实践”三位一体教学体系被评为教育部2014年高校思想政治理论课教学方法改革项目[EB/OL]. 重庆晨网，2015-06-15.

[5] 孙武安，吴文新. 两个挂靠，四个结合：高校思想政治理论课教学改革思路探索[J]. 思想理论教育导刊，2015（2）.

[6] 黄警秋. 高校思想政治理论课“四位一体”教学模式研究[J]. 思想理论教育导刊，2013（5）.

[7] 王克，陈新田. “三通”育人模式的探索与实践——以五邑大学思想政治理论课教学改革为例[J]. 思想理论教育导刊，2014（4）.

[8] 吴楠，王月生. 高校思政工作会议召开 研讨三位一体教学体系[N]. 中国社会科学网—中国社会科学报，2017-02-22.

[9] 周志强，赵继民. 山东经贸职业学院：全面提升大学生综合素质打造品牌院校[N]. 中国青年报[N]. 2015-10-09.

[10] 陈斌. 如何在专业课堂教学中渗透德育教育[J]. 新课程教学，2009（1）.

[11] 孙长春. 如何在数学课堂中渗透德育教育[J]. 课外阅读，2008（3）.

[12] 王晓虹，魏荣. 医学院校专业课教学中德育渗透的优势及原则探

索[J]. 医学与社会，2009（7）.
[13] 马永国．“三位一体”构建高职思想政治理论课的实践教学模式[J]. 中国成人教育，2012（14）.
[14] 张民堂. 大学生思想政治理论课“三位一体”教学方式初探[J]. 教育与职业，2006（18）.
[15] 陈华北. 专业课中渗透德育教育的思考[J]. 青春岁月，2011（16）.
[16] 杨明. 专业课教学中德育渗透的思考与探索[J]. 学校党建与思想教育，2011（27）.

大思政理念下成人高校“课程思政”的改革探究

◎ 董珏慧

摘　要：习近平总书记在全国高校思想政治工作会议上指出：“各类课程与思想政治理论课同向同行，形成协同效应。”成人高校是成人学生思想政治教育的主阵地，肩负着培养社会应用型人才的重大任务，必须坚持正确的政治方向。推动成人高校“课程思政”理念的推广与实施是成人高校构建全员全方位全过程育人“大思政”工作格局的必经之路。成人高校的教师应抓住成人学生的特点，变革教学理念，改进教学方法，实现各类课程协同育人的目标。

关键词：课程思政；成人高校；改革创新

2016 年 12 月，习近平总书记在全国高校思想政治工作会议上指出：“我国高等教育肩负着培养德智体美全面发展的社会主义事业建设者和接班人的重大任务，必须坚持正确政治方向。高校立身之本在于立德树人。只有培养出一流人才的高校，才能够成为世界一流大学。……做好高校思想政治工作，要因事而化、因时而进、因势而新。要遵循思想政治工作规律，遵循教书育人规律，遵循学生成长规律，不断提高工作能力和水平。要用好课堂教学这个主渠道，思想政治理论课要坚持在改进中加强，提升思想政治教育亲和力和针对性，满足学生成长发展需求和期待，其他各门课都要守好一段渠、种好责任田，使各类课程与思想政治理论课同向同行，形成协同效应。”[①]

① 习近平在全国高校思想政治工作会议上强调：把思想政治工作贯穿教育教学全过程　开创我国高等教育事业发展新局面[N]. 人民网—人民日报，2016-12-09（1）.

一、课程思政的内涵

“课程思政”是指所有的课程必须渗透思想德育因素，且具备一定思想政治教育功能与道德教学目标。所有教师都肩负着德育育人职责，教师要注重在课堂教学中传播思想政治理论和道德价值观念，将思想政治教育融入课程教学全过程。推动“思政课程”向“课程思政”转变，使各类课程与思想政治理论课同向同行，实现协同育人效应，这是当前贯彻落实全国高校思想政治工作会议的重要任务，也为成人高校课堂教学加强思想政治教育工作提供了目标、依据和行动指南。

据相关文献研究，“课程思政”最为突出的特点就是它的“融合性”。所谓“融合性”是指“课程思政”本身并不能以一种独立的课程存在，它必须与具体的学科教学内容、环节相融合，才能体现出它的人生教化和价值引领意义。“课程思政”实质上是一种课程观，不是增开一门课，也不是增设一项活动，而是将思想政治教育融入课堂教学和改革的各个环节、各个方面，达到立德树人、润物无声的目的。与成人高校思政课程直接而鲜明的授课风格不同，践行课程思政的课堂教学致力于挖掘本学科的德育资源，更加注重学生接受思想政治教育时的主观感受，以春风化雨般的教育方式使学生受到启迪。

在成人高校专业课教学中，思想政治教育被不同程度弱化，这一现象应当引起大家的高度重视。专业课、综合素质课的任课教师在课堂教学中如何开展思想政治教育工作？在教学中如何拿捏两者之间的空间、限度、尺度？如何在课堂上将专业知识与思想政治教育内容有机融合，做到不偏不废、相得益彰？这些疑问已经成为严峻而现实的课题摆在成人高校教师队伍面前，需要我们在调查研究的基础上做出理性回应。笔者对上海几所成人高校的教师与学生开展了问卷调查，对调查结果做了详尽的梳理与分析，希望能以点带面地总结出成人高校推进课程思政理念的现状，并探索性地提出在成人高校教育领域全面实现课程思政理念的实践路径。

二、成人高校推进课程思政的缺位及其归因

通过问卷调查和文献研究后，本文认为成人高校在推进课程思政的过程中主要缺位与归因涉及这几个方面：教师及学生对“课程思政”概念的认知程度；教师对教学中实施课程思政理念的态度以及积极性；学生参与课程思政改革的热情度。这些因素都是教师在推行课程思政中的难点。

（一）对“课程思政”理念的认知程度有待提高

成人高校中，大多数教师和学生对“课程思政”的理念和本质不太了解，对“课程思政”的内容、目的、主渠道不熟悉。所以，笔者认为，当下首要工作是要提升“课程思政”这一全新概念的知晓度，并在解读深度、宣传广度、普及程度与实施力度上深耕细作，培养实施“课程思政”的土壤，要深刻认识从“思政课程”到“课程思政”不是一个简单的概念转换问题，而是思想政治教育思想观念、方式方法和管理体制等全方位的深刻转化。成人高校要进一步统一思想，步调一致，加强顶层设计，确保推行“课程思政”理念在源头上得到保证，将立德树人的“大思政”理念贯穿到成人学生的培养方案中。

（二）对实施“课程思政”的积极性尚待提升

成人高校中只有少部分教师和学生愿意在课堂上实施“课程思政”，愿意尝试专业课程与思政课程相互融通。因此其实施“课程思政”的积极性不高，究其原因，主要是教师感到缺乏必要的实施“课程思政”的顶层设计，缺乏专业课与思政课融合的相关培训，缺乏备课的指导与建议。如果大多数教师与学生都有在课程中实施“课程思政”的想法，那么就有必要在构建全面思政体系上下功夫，形成课程资源协同育人机制，将思想教育的主阵地交给专业课程教师。因此，教师的责任重大，其应当有真学真干的精神，以实现“课程思政”的多元价值，真正推进从“思政

课程”向“课程思政”的转变。

（三）适应“课程思政”的教学方法与风格亟待转变

学生为什么总是谈思想政治理论课色变？因为传统的思想政治理论课被贴上了思政理论空洞枯燥、教学内容陈旧老套、教学方法单调落后、教学风格死板硬套的标签。所以，笔者认为要在成人高校推广“课程思政”理念，必须更新教学内容，丰富教学手段，转变教学风格，推出重点突出、贴近实际的专题式教育课程，借助科技手段，推出线上线下的混合式教学方式，提高课堂教学的亲和力、综合性与针对性，满足成人学生的学习需求，这是新形势下落实“课程思政”理念的关键。

三、成人高校推进“课程思政”理念的改革初探

（一）加强“课程思政”顶层设计，构建“全面思政”体系

目前成人高校在对待“课程思政”的理念上，多半是出于政治性要求、职责与使命要求，很少关注到顶层设计，比如探索工作机制、考核机制、利益调节和激励机制。即使有少量的激励措施，也偏向于采用负激励措施为主。目前，我国高校在一定程度上存在重科研、轻教学的倾向，学校的工作重点集中于学科建设、专业建设，成人高校亦是如此。对于教师而言，职称评定是教师成长的一个重要标杆。职称评定这根指挥棒迫使成人高校教师不得不把主要精力投入到论文发表、课题研究中，这无形中弱化了他们对教学工作的投入，在这样的背景下，“课堂教学”与“树德育人”愈行愈远。

从“思政课程”向“课程思政”转化，既不是一蹴而就，也不是某一段时期的任务，而应该是我国成人高校育人的基本常态。“课程思政”理念不仅需要任课教师基于立德树人使命的实践，更需要来自顶层的务实设计与推动。为使“课程思政”的推行从源头上得到保证，成人高校要加强顶层设计，将“立德树人”的教学理念贯穿于人才培养方案，推

进“大思政”育人教学体系。成人高校要站在培养中国特色社会主义事业合格建设者和可靠接班人的战略高度上，从课程标准设定、培养方案整合、教育纪律约束、教学督导听课、职称晋升激励等角度为“课程思政”的实践提供强有力的政策支持。成人高校要建立一套思想政治工作的利益调节机制和激励机制，充分调动广大教师教书育人的积极性和创造性，使思想政治工作真正贯穿到每一个教师的教学、科研和管理工作中去。坚持做到学术研究无禁区，课堂讲授有纪律，严禁在课堂教学中散布违背宪法、歪曲否定中国共产党领导的错误观点和言论，真正使“课程思政”理念深入人心。

成人高校有了实施“课程思政”理念的顶层设计后，还要抓好“三个全”，即全方位宣传、全人员参与、全课程渗透，才能构建“全面思政”体系。实现这“三个全”必须从三种机制的设立、三支队伍的打造和三类课程的改革着手。思想政治教育已经进入“课程思政”时代，要加大“课程思政”理念的宣传力度，进一步巩固现有成果，让“课程思政”理念入脑入心，就要在工作机制、考核机制和激励机制的设立上下功夫（简称“三种机制”）；要让思政课教师、专业课教师、班主任辅导员（简称“三支队伍”）全员参与到“课程思政”的实践中来，做到三支队伍相互学习、取长补短、优势互补的育人整体效应，使全体教师明白“课程思政”不是增开某门课，也不是增设某项活动，而是将成人高校思想政治教育融入课程教学和改革的各环节、各方面，以实现立德树人的目标；无论是思政课，还是专业课，或是综合素质课（简称“三类课程”），必须做到全课程渗透“课程思政”理念，实现专业课中知识的传授与价值观引导的有机统一，抓住教学的各环节、各方面，“凡教必思政”，达到三类课程协同育人的目的。

（二）抓住成人学生特点，促进成人高校教师改进教学方法

成人高校教师对成人学生思想政治素质的培养有直接影响，因此，对教师进行师德师风建设至关重要，这是一项漫长、繁杂、艰巨的系统工程，同时也是“立德树人”理念能否落到实处的关键所在。从长期的

实践来看，“三支队伍”中专业课教师队伍是实施“课程思政”理念的主力军，然而，目前的专业课教师教学工作的重点更多的是放在传授知识、技能层面上，对学生价值观、情感等方面的引导工作投入不多。随着“课程思政”理念的提出，“全人员参与”占据了非常突出的地位，这就要求所有学科和课程都发挥思想政治教育功能，把思想政治教育贯穿于教学活动的全过程中。俗话说：“要给学生一杯水，自己就要有一桶水。”为了在课堂教学中能够更好地对学生进行教育和引导，成人高校教师应该不断提高理论水平并完善自身的专业知识体系。对于思政课教师而言，要在自己已有的专业知识基础上不断与时俱进；对于专业课教师来说，“课程思政”不仅要求其拥有扎实的专业知识，同时还必须具备一定的马克思主义理论水平；对于班主任、辅导员来讲，要在日常班级管理过程中春风化雨、润物无声地对成人学生开展思想政治教育。

与高校学生不同，笔者认为成人学员有三个特点：一是理解力更强，对道理的领悟更透彻；二是学以致用，理论联系实际的能力更强；三是鉴别能力强，已经形成了自己的人生观、价值观、世界观，并有一套属于自己的处理问题的方法。这是因为成人学员有别于高校学生，他们大多都有工作和生活方面的阅历，这对成人高校的教师如何在课堂上把道理讲清、讲透、讲实提出了更高的要求。

传统的成人高校思政教育停留在“一本书、一支笔、一块黑板”的教学形式、手段与方法上，过多地依靠理论灌输法，忽略了成人学生的个体需求，脱离了成人学生的工作实际。这俨然已无法保证并满足当下成人学生的知识诉求，而且很难提升他们的学习兴趣，吸引他们的学习关注力。理论联系实际是思政教育的环节，也是“课程思政”的根本方针。

成人高校教师应针对成人学员的以上三个特点，改进教学方法，并做到以下几点：一是要用真情，情感是通向学生心灵的最好钥匙；二是要用真知，讲真理，教师要有一定的专业知识和思想政治理论功底，把专业知识和思想政治理论有机融合，才能服人；三是要用文化，专业知识要体现多元文化，有文化渗入，引入社会、时代的热点，与学员产生共鸣，增强个人魅力，转变教学态度，充分利用网络和智能设备，从互联网获取丰富的素材，结合时事热点融入“课程思政”课堂教学活动中，进而提升课堂教学质量，提升成人学生学习的积极性。比如，专业老师在讲授“桥梁工程学”时，在讲专业知识的同时，也要用真情，可以港珠澳大桥为例。历时 9 年建设，全长 55 千米的港珠澳大桥在 2018 年 10 月 24 日正式通车了，这座大桥被称为“工程界的珠峰”，是当之无愧的国之重器。高校科技托起了港珠澳大桥的全线贯通。在港珠澳大桥的设计建造过程中，同济大学多个研究团队深度参与，破解诸多技术难题，为人工岛建设、沉管隧道接合与抗震、通航孔桥抗风等贡献智慧，确保了大桥的顺利建成并通车运营；天津大学王元战教授课题组承担了港珠澳大桥建设工程桥隧连接人工岛沉入式钢圆筒结构的稳定性及渗流分析工作，解决了波浪作用下软土强度弱化、沉入式大圆筒结构破坏过程模拟等科学技术问题，对各种荷载工况下桥隧连接人工岛沉入式钢圆筒结构的稳定性和渗流进行了计算分析，为完善人工岛设计提供了技术支撑；西南交通大学土木学院马建林教授团队主持了港珠澳大桥主体工程桥梁工程施工图设计大直径钢管复合桩试验专题研究，助力港珠澳大桥稳稳“扎根”海床。这些大学的教授团队，有“20 后”院士，有“80 后”青年技术骨干，都是工科方面的顶尖人才，他们如果只有专业知识没有爱国热情的话，是不会勇挑重担为国家节约荷兰公司报出的咨询费 15 亿元；他们如果在开展专业知识教育时没有贯彻“课程思政”理念的话，是无法长时期坚持下来的，也无法实现习近平总书记提出的“大国重器”的目标。这样的专业课，没有专业知识和思想政治教育“两张皮”，而是很自然地将两者有机融合，让同学们有了真情实感，才能言之而感，学之而化，行之而践。

（三）推动“课程思政”改革，提升成人高校学员学习存在感

只有推动“课程思政”改革创新才是破解成人高校推行“课程思政”理念遇到的这些困难与瓶颈的唯一出路。成人高校教师要提升思政育人的有效性，就要充分发挥课程思政理念价值引领的核心地位，要将中国特色社会主义理论体系的学习作为教学的中心内容，注重把理论融入故

事，用故事讲出历史的厚重感和现实感；注重将理论教育和实践实训相结合，提升课程教学说服力，凸显思政课的核心力。“抓斗大王”包起帆曾在一次师资培训会上做了题为“创新与教师职业精神”的报告，他引述道：“十九大报告中提出，创新是引领发展的第一动力”，践行“爱国、敬业、诚信、友善”的价值观，以持续创新的精神，弘扬教师的职业精神。包起帆说：“这一路走来，除了有过硬的专业知识，推动我持续创新、一项项专利的诞生的动力就是爱国。爱国是创新之本，敬业是创新之根，诚信友善是创新之源。”所以，笔者认为，推动“课程思政”创新很重要的抓手就是加强教师队伍培训。如果要在专业课中融入“课程思政”的理念，专业课教师需要与时俱进地了解国家的大政方针，行政主管部门要创造条件让从事成人教育的教师走出去开眼界，接触社会、接触实践，了解社区建设，走向火热的改革开放中。

在推动“课程思政”创新的过程中，要不断提升学生的学习存在感，因为学生是学习的主体，如何发挥学生在学习过程中的主观能动性是教育界永恒的课题。兰迪·加里森等人最早提出过“教学存在感、社会存在感和认知存在感”的理论。教学存在感是指为实现学习者富有个人意义和教育价值的学习效果，对学习者的认知存在感和社会存在感进行设计和指导；社会存在感是指学习者借助沟通媒介在社交和情感方面表现“真实自我”的能力；认知存在感是指学习者基于批判性、持续性对话和反思，对意义的建构和验证程度。研究表明，学习存在感和上面这三种存在感之间均呈显著正相关。山东工商学院教师发展中心的副主任吴现波在《做不一样的思政课》里提出了五步教学法，即连接、呈现、体验、反思、应用。连接就是在学习内容与学习者之间建立联系的教学事件；呈现就是在有限的时间内高效地传达教学内容的实践；体验就是让学习者在真实或相似的情境中参与学习的教学事件；反思就是支持学习者通过现象洞察事物本质的教学事件；应用就是将所学知识迁移到生活和工作中的教学事件。通过这五步初步形成“人生化导向、体验式学习、游戏化驱动、智能型助教、书香味课堂”的新教学范式，实现有趣、有效、有用的教学效果，从而有效地提升成人高校学员的学习存在感。当下，很多成人高校都已经在推行在线学习和线上线下相结合的混合教学模式，更要关注这三种存在感在“课程思政”理念推进过程中对专业课程的设计、开发和实施作用，发挥“思政课程”与“课程思政”协同育人的作用。

参考文献

[1] 田鸿芬，付洪．课程思政：高校专业课教学融入思想政治教育的实践路径[J]．未来与发展，2018（4）.

[2] 桂世河，汤梅．高校“课程思政”研究回顾与展望[J]．当代教育实践与教学研究，2017（12）.

[3] 兰国帅，钟秋菊，吕彩杰，等．学习存在感与探究社区模型关系研究[J]．开放教育研究，2018（5）.

[4] 邵广，铁振．课程思政与高校教师队伍建设[J]．航海教育研究，2018（2）.

[5] 吕宁．高校思政课程协同育人思路探析[J]．大学教育，2018（1）.

成人高校非思政类人文社会学科的育人教学

◎ 鲍国政

摘　要： 本文基于思政课与其他课程“同向同行，形成协同效应”的目标，提出了成人高校非思政类人文社会学科的育人教学的命题。文章首先分析了这类学科的课程特征在于：思政教育元素明显，可以用马克思主义基本原理解读，通过“赋能”“树人”而“立德”。据此提出了非思政类人文社会学科的育人目标在于培养学生的理性精神、人文情怀和国际视野。最后，结合成人高校学生的实际情况，提出了理论互释、问题引导、小组讨论、行为示范等教育教学方法。

关键词： 成人高校；非思政类；人文社会学科；育人

上海市 2018 年全面推进“课程思政”，形成以思想政治理论课为核心，以“中国系列”思政选修课为拓展，以综合素养课为支撑，以专业教育课为辐射的思想政治教育课程体系，使所有课程都有育人功能，所有教师都承担育人使命。

实际上，教育从来就是育人的重要手段，在我国社会主义制度下，所有教师都应该是思想政治工作者。高等学校是为社会提供高等知识与能力训练的场所，成人高等学校是为在职人员提供文化进修、素质提升的场所。成人高校学员中多数是已经走上社会、走上工作岗位的人员，有的还是管理人员，他们是各行各业的“当班人”，对他们的思想政治教育更有难度，也更加必要。

在课程思政实施过程中，思政课要发挥主渠道作用，其他各门课程要把思政元素纳入专业教学体系，向“课程思政”转变，融社会主义核心价值观教育于专业知识教育之中，与思政课同向同行，形成协同效应。由于成人高校的功能和生源群体的特征，成人高校开设的专业课程除了技能类课程之外，还有一些课程分布于专业必修课和选修课如管理类、社会通识类、人文休闲类中。本文将这类课程统称为非思政类人文社会学科，并拟就这类课程的育人教学进行若干探讨。

一、非思政类人文社会学科的课程特征

成人高校与高职院校最明显的差别在于人才培养目标，目前成人高校实际上的功能就是为在职人员提供系统的职业技术理论与管理理论教育，所开设的专业及课程也以中观的管理以及人文综合素养为主，因此，非思政类人文社会学科课程所占比重也就比较大。以上海市静安区业余大学 2019 年 12 个专业的课程设置为例，所有专业的课程分类如下：

公共必修课——主要是思政类课程和计算机基础课。思政课为“中国特色社会主义理论”“马克思主义哲学”“法律基础与思想道德修养”“计算机基础”，所有专业都必须开设。

公共选修课——学校开发的特色课，供不同专业根据需要，提升学生综合素养所用，如“中国传统文化”“办公自动化”。

专业必修课——体现专业核心能力的基础课、技能课，这些课程之间存在着严谨的逻辑关系。

专业选修课——与本专业相关、可在相关专业之间共用的（在有的高校，某些课程可能会成为一个专业的名称）课程，如“人力资源管理”。

从课程思政的角度看，根据“课程思政元素”的基本概念，这些类别中分别包含各专业人文社科类课程，整理如表 1 所示。

表 1　课程类别

专业	专业课	素养课
工商管理	管理心理学、国际金融、经济法学、管理学概论、市场营销学、经济学基础、营销策划学、商业企业管理、消费心理学、经济活动分析	中国传统文化

续表

专业	专业课	素养课
酒店管理	现代饭店管理原理、人力资源管理、消费心理学	中国饮食文化
会计	市场营销学、组织行为学、经济法学、经济学基础	阅读与分析
计算机信息	管理学概论	中国传统文化
美术	美学概论、心理学、艺术欣赏、大学语文	茶艺与养生、书法、中国传统文化、音乐赏析
人物形象设计	中外服装史、礼仪、心理学、时尚赏析	中国传统文化、饮食与养生
商务管理	市场营销学、国际金融	艺术赏析、中国传统文化
商务英语	英美国家概况、社会调查方法	中国传统文化、职业生涯规划
物流管理	西方经济学、客户关系管理、职业生涯规划、心理学、管理学概论	旅游学概论、中国传统文化、艺术欣赏
物业管理	公共关系学	中国传统文化
行政管理	行政管理学、人力资源管理、政治学、组织行为学、社会学、公共关系学、行政法、秘书学、大学语文、写作、文书学、现代汉语、行政实务与案例、社会保障概论讲座、劳动法与劳动合同法	中国传统文化、艺术赏析
中医养生保健	人文环境养生学、中医情志养生学、护理心理学、医古文选读	中国传统文化、职业生涯规划

表中的专业课分类是相对于本专业而言的，如美术和人物形象设计两个专业的专业课，在其他专业就算是素养课了。表中的课程还反映了一个现象：人文社会科学类课程比较多地集中在行政管理和工商管理两个专业。因此，在这两个专业中，“同向同行”“协同效应”的课程思政要求就更加明显，也更有条件。那么这些非思政类人文社会学科在实施

课程思政的任务上具有哪些特点呢?

(一)思政教育元素明显

这些课程不是纯技术的专业课，它们包含一些比较明显的思政教育元素。所谓包含思政教育元素，就是学科知识中存在一些社会科学或者人文学科的理论。这些理论包含着一定的价值判断，具有阶级性、民族性、时代性三者全部或部分的属性，需要以一定的政治立场、社会伦理来评判和取舍。如“西方经济学”所涉及的一些原理，并不仅仅靠一系列的公式就足以解释完整，它依然回避不了马克思主义政治经济学所涉及的剩余价值问题、社会再生产问题、分配公平问题；又如中医养身保健专业的“中医情志养生学”，涉及中国传统哲学中的人与自然关系的解释规范性问题，还有中国传统哲学与现代科学之间的关系、传统文化精华与糟粕的辨识问题等。相比而言，行政管理专业中的“文书学”、工商管理专业中的“外贸函电”，就属于纯技术的专业课程，相对表中的课程来说，需要进行价值取舍的内容很少。

(二)可以用马克思主义基本原理解读

这些课程中有的知识能够与马克思主义世界观及方法论相互印证。但是不是每门课都得这样去硬性套设，而是应该实事求是、符合学科逻辑。马克思主义的真理性表现在它的世界观和方法论所适用的领域、层面的对应性上，不应将其随意地贴标签、套设套用。但是，可以用辩证唯物主义和历史唯物主义的基本世界观与方法论来观察、分析和评价一些课程中的原理、现象。比如管理学发展史上，从“科学管理”到“行为主义”再到“管理科学”再到“治理理论”，其主旨经历了“效率—公平—效益—公平”的过程，这就可以用马克思主义的否定之否定规律来解读；再比如，社会学中关于现代化的问题，不少现象和理论都可以在《共产党宣言》中找到答案。如果教师掌握了马克思主义的经典理论基础，就可以将其运用到相关话题中，也更利于学生理解和记忆。

（三）通过“赋能”“树人”而“立德”

这些课程介于哲学思辨、社会价值与技能应用三个维度之间，有不少互通之处。思政课程具有体系完整、正面引导、旗帜鲜明的特点，这是课程思政的一方面，但如果所有的课程都像思政课那样去进行思想品德教育，那么学生就会产生审美疲劳，何况实际上也不可能违反学科逻辑去硬性地套用，或者把思政教育内容复制到专业技能上去。恰恰可以通过学科、课程之间的互通，使一些知识和观点通过相互印证、相互反衬以达到培养学生对专业的喜爱度和接受度，从中获得终身学习的信心和决心，这也是课程思政所要达到的目标。我们说，立德树人，“立德”与“树人”是相互促进的，赋能而树人，树人而立德，这是和立德而树人相对应的。

二、非思政类人文社会学科的“育人”目标

非思政类人文社会学科的“育人”目标，也可以说是育人的内容，与思政课程各有侧重。思政课重在价值引导，主要是立场与态度。非思政类人文社会学科也有立场和态度的培育任务，但是不像思政课那样明显和直接。自然，所有的课程在“三全育人”的任务上都是一致的，即育三观、育能力、育效果。不过，非思政类人文社会学科有着自身独特的功能优势，其育人目标具体表现为以下几点。

（一）理性精神

培养社会主义建设者和接班人，建设的能力和接班的能力是不可忽视的，课程思政仅仅停留在政治态度、政治立场上是不够的，仅仅表现为喊口号也是不能解决实际问题的。“立德”和“树人”应该一致，立德是为了树人，树人则表现为人的能力的整体优化。实用主义教育思想也曾影响我国的教育政策、教育体制、教学模式。在此背景下接受教育的

学生，最大的能力缺陷是独立思考不足，尤其是缺少思维方式训练。我国学生普遍缺失形式逻辑的训练，这是不争的事实。另外，实用主义思想指导下的学科分界，也极大地诱导着师生双方都功利地对待学习、对待专业知识。课程思政要在整体上培养师生双方观察社会、探究社会问题的能力；学会在特殊的境域中考量知识，鼓励学习主体参与，使知识在特定人文情境和范围内生成、确认并得到辩护。[①]掌握了观察知识、探究问题、形成理性认识的能力，自然就能理解并接受马克思主义的科学世界观。

（二）人文情怀

现代教育哲学家雅斯贝尔斯提出的“全人”理念，揭示了现代工业文明教育中偏重分科所带来的专业学科中人文精神普遍缺失现象（甚至在社会科学、人文科学中亦不乏其例）。非思政类人文社会学科的课程思政需要引入对人类命运、学科伦理的思考，这比贴膏药式的硬性套用政治术语和政策概念要更加有趣、更加吸引人。“全人”教育的整体观认为：教育最终指向人的精神世界，这是应该包括哲思、历史和科学知识等全面的世界。培育人文情怀，如雅斯贝尔斯所言，教育不能只包含那些不分古今的技能教育、实用知识和有关当代世界的探源问题，教育还要唤醒学生的历史精神，要通过历史的陶冶来唤醒生命意识。具体到中国现实，就是要求师生在互动过程中，都能自觉认清中国道路，与祖国同心；专心立德立身，与人民共进；行为修养有则，与社会和谐相处。

（三）国际视野

具备国际视野理性精神和人文情怀交互的结果，也是公民必备的意识素质。当代世界已经是一个全球化的地球村，人类正在形成命运共同体。文明社会的公民不应该是“帮亲不帮理”的宗法族群里的个体，而

① 王鉴，安富海. 知识的普适性与境域性：课程的视角[J]. 教育研究，2007（8）：63-68.

应该是具有爱心、责任心、进取心的“从心所欲不逾矩”的理性自由人。狭隘的爱国主义自负和极端的民族主义狂热是法制社会的绊脚石，是人类进步的陷阱，邓小平同志讲“教育要面向现代化，面向世界，面向未来”，这是何等的胸怀和远见！课程思政不应该变成肤浅的排外、讳疾忌医的自大，应该体现公民所需要的宽容、自信和谦虚。培育公民的担当和眼界，使师生双方能把握现代潮流，与文明同步。

三、非思政类人文社会学科的“育人”方法

目前，上海市成人高校的学生情况比以前复杂得多：从年龄上看，有中职院校刚毕业的，也有接近退休年龄的；从学历上看，有高中同等学力的，也有硕士学历的；从户籍所在地看，外地来沪的比重占一半以上；从职业视角上看，分布面更是广大。因此，课程思政的实施要比全日制学校更具有多样性。同时，他们又带有一些共同的特征：大多数人已是从业人员，有职业发展过程中的经历与思考，对于一些社会现象，比全日制学生有切身经历和较为现实的看法；也有的文化基础比较薄弱，对于政治理论的理解感到费力；对于思想政治教育本身的认知态度也表现得复杂多样。因此，成人高校的课程思政实施，在方向上应该体现出精准、实用、普惠的标准。在思政课努力引领政治方向、提升政治素养的同时，综合素养课和专业课可以更加“润物细无声”地确保思、言、行的底线，确保学生具备公民道德的基本要求。

这也使非思政课的教师需要适当掌握马克思主义理论中一些基础的、关键的原理，要关注时事，再将其转化到与学生所学专业相关的语境中去解读。当然，如果思政课教师与非思政课教师建立起某种交流机制，则会有一定的帮助。

就教学方法而言，也和其他课程一样，可以采取混合式教学模式，充分调动多种学习资源，采取多种交流方式的有效组合。常见的方法有以下几种。

（一）理论互释

就笔者的教学经验而言，成人高校的学生并非都不喜欢听理论知识，关键在于老师怎么讲。这里我们主要讨论非思政类课程的理论如何体现课程思政元素，这需要根据课程本身的特性、内容来决定，还受到教师自身知识结构的影响。但是，跨学科、跨专业的知识互释，能够给学生以新鲜感，增加课堂的吸引力，更重要的是教会学生一种学习方法、观察方法和思考方法。同时也要注意，理论间的互释一定要自然、贴切，不可硬性套设。比如行政学课程里有里格斯的“行政管理三种模式”、社会学里有现代化理论，如果把这些与我国的“社会主义初级阶段”“转型期”等概念进行互释，就可能使学生对国情有更精准的理解。因为他们从思政课里所学到的语言体系是一种思路，有的已经是耳熟能详了，也许会产生不以为意甚至不以为然的感觉。换了一种新思路、新语言，学生至少在感官上能形成一种关注，如果互释恰当，则能起到思政课程所起不到的作用。

需要说明的是，互释的效果有时不需要教师给结论，或者直白地去表示态度、表达立场，而是启发学生去思考、去讨论，独立得出结论的效果要比直接灌输好得多。

（二）问题引导

问题教学法是一种经典的教学方法，也就是苏格拉底式的疑问。柏拉图的《理想国》里记述着苏格拉底与弟子们的对话。通常，苏格拉底并不给出结论，而是像学生一样向自己的学生“咨询”。学生们想当然地回答着，在苏格拉底不停地追问下，就回到了问题的原点——概念。这是形式逻辑发达的古希腊哲学在讨论时必备的首要选项，如果概念没有清晰、一致，那么讨论就是“鸡同鸭讲”。课程思政不光要讲立场、讲态度，更要讲道理，道理到位了，结论不证自明。这需要教师对学情有所了解，问题的起点是学生已知已会，或者明显有疑，问题的终点是学生应知应会、能知能会。问题要形成逻辑链，但也不要太复杂，毕竟成人高校的学生很少受到专门的逻辑训练。要解决逻辑理解力的困难，可以采用两种方法：一是把逻辑链的问题分成两次讨论；二是把一些较难理解的逻辑演绎换成故事感悟。

（三）小组讨论

问题引导通常是师生间的交流，以教师提问、学生回答为主；小组讨论是建立在问题引导基础上的，在学生具有一定的思维逻辑能力和材料获取能力的前提下，教师以一些开放式的问题为主题，给学生分组。分组可以根据教学内容的需要由老师划分或者学生自愿组合。在讨论内容上，可以几个小组同时讨论同一个问题，也可以给不同的小组不同的问题。如果讨论结果很令人有收获感，可以从趁热打铁，组织一场辩论赛。讨论的地点，可以是课堂，也可以是网络（网络论坛、微信群、QQ群等形式更具有时间上的延续性）。当然，还是要注意，课程思政是这类人文社会学科课程的目标而不是本身，要在讨论中蕴含着课程思政的元素，而不是将讨论、辩论变成思政课式的“明说”。

（四）行为示范

不论是思政课程还是课程思政，其目的不仅在于引导学生的思想，而且在于激发学生的正能量行为的主动性、自觉性，要引导学生形成公众场合的文明行为与公德心。成人高校的学生的群体差异性相当大，人格可塑性也比全日制学生困难。但是，教师还是要明确课程思政所要解决的“知行合一”问题。一是要引导，要春风化雨地引导学生的行为。比如在组织学生讨论时，有时学生会不等别人说完话就打断别人急于表达自己观点，教师就要事先告诉大家什么是辩论逻辑、什么是辩论规则，要求辩论时不打断别人的话，从而培养学生尊重他人人格、遵守言论规则的意识。二是要做表率。所谓身教重于言教，教师在课堂上俯身捡起地上的一片废纸，也许就暗示了学生自觉地将手边的垃圾分类装袋；教师向每一个进门的学生打个招呼，也许就改变了一个心理封闭的学生的交往态度。这些也应该看成是课程思政的成效。

总之，非思政类人文社会类学科的课程思政教学有着非常便利且非常丰富的知识资源可以挖掘，熟悉并灵活运用多种教学方法使我们完全可以将课程思政元素最大化地激发出来。

参考文献

[1] 詹秀娟. 在专业课程中进行渗透德育教育的方式和途径[J]. 吉林广播电视大学学报，2010（8）.

[2] 李瑞俊. 高校德育教育在专业课教学中的渗透[J]. 科技资讯，2016（14）.

[3] 田鸿芬，付洪. 课程思政：高校专业课教学融入思想政治教育的实践路径[J]. 未来与发展，2018（4）.

[4] 王鉴，安富海. 知识的普适性与境域性：课程的视角[J]. 教育研究，2007（8）.

[5] 伏荣超. 学习共同体理论及其对教育的启示[J]. 教育探索，2010（7）.

[6] 高军. 德技并修背景下“专业课程思政”教学改革探析——以深圳信息职业技术学院为例[J]. 深圳信息职业技术学院学报，2019（4）.

[7] 王海琴. “问题链教学法”在“概论”课教学中的应用研究及设计[J]. 现代商贸工业，2020（15）.

基于“课程思政”的教师胜任力维度研究

◎ 宋 斌

摘 要： 本文以上海市静安区业余大学的专业教师为例，分析了在“课程思政”教育目标下，教师胜任力的构成维度，教师队伍建设的方向，介绍了运用胜任力理论对成人高校教师进行分析，提升教师队伍建设成效。

关键词： 课程思政；成人高校；胜任力

2016年，习近平在全国高校思想政治工作会议的讲话中指出，“把思想政治工作贯穿教育教学全过程，实现全程育人、全方位育人”“高校教师要坚持教育者先受教育，努力成为先进思想文化的传播者、党执政的坚定支持者，更好担起学生健康成长指导者和引路人的责任”。[①]2020年，教育部出台《高等学校课程思政建设指导纲要》，明确了课程思政建设“做什么、怎么做、谁来做”，对地方、高校、院系、教师各个层面，对公共课、专业课、实践课各类课程，对文理工农医教艺各个学科专业，提出了非常明确、非常具体的要求。课程思政已经成为高等教育的重要育人目标。要做到全面推进课程思政建设，教师是其中的关键环节。教师开展课程思政的意识和建设能力，决定了课程思政建设能否取得实效。作为主要服务于成人学生的成人高等教育，如何有效开展课程思政建设，则需要多重努力。其中，建设一支具有“战斗力”和“胜任力”的专业教师队伍，是实现课程思政育人目标的必由之路。因此，对成人高校教师胜任力维度的研究，具有一定的现实意义，为全面推进师德建设及提

① 习近平在全国高校思想政治工作会议上强调：把思想政治工作贯穿教育教学全过程 开创我国高等教育事业发展新局面[N]. 人民网—人民日报，2016-12-09（1）.

高管理效率提供了重要依据。

一、胜任力理论

胜任力的研究起源于 19 世纪 70 年代，美国哈佛大学教授麦克利兰在《测试胜任力而非智力》(*Testing for Competence Rather Than for "Intelligence"*)一文中指出，胜任力是与工作和工作绩效或其他重要结果相关的知识、技能、能力、特质或动机。布罗德福特提出教师专业能力是其开展教育活动和具有专业水准的理论、实践的统一体，而教育技能、开展教学活动的能力以及教师职业的态度是教师胜任力结构的三个重要组成部分。博兹特瓦和托尼科娃认为，教师胜任力具有层次性的特点，包含基础水平、关键能力和专业能力三个层次，其中基础水平对任何专业领域的教师而言，都是必须具备的，是其开展工作的基础条件；而关键能力对于教师更好地开展工作是非常必要的；特殊能力是针对教师这一特定职业而言所需要的有关教学的技能。戈赫等学者认为，"教师胜任力"是与管理课堂和管理学生行为相关的能力，在教学实践中，掌握各种教学技能，知道如何与学生沟通，了解学生的优点、缺点与潜力，并能掌握学生的学习需求，做到因材施教，是成为一名具有专业水准的教师所需要的知识、技能和价值观的总和。由此可见，虽然各位学者对教师胜任力的理解各不相同，但却大同小异，表现在对教师胜任力的本质理解上，认为教师胜任力是能促进教师更好地组织、开展教学工作的各种能力要素的综合体。

二、胜任力模型

胜任力模型(competence model)就是针对特定职位表现优异要求组合起来的胜任力结构，是一系列人力资源管理与开发实践(如工作分析、招聘、选拔、培训与开发、绩效管理等)的重要基础。

一个完整的胜任力模型，通常包含了一个或多个群组，而每个群组又包含了若干个胜任力具体的特征。由于人们对胜任特征的界定不同，构成胜任特征模型的要素不同，因而得到的胜任特征模型的差别也较大。典型的胜任力模型是麦克利兰博士提出的冰山模型。冰山模型主张有五种类型的胜任力：动机、特质、自我概念特征、知识和技能。（见图 1）将人员个体素质的不同表现表式划分为表面的“冰山以上部分”和深藏的“冰山以下部分”。

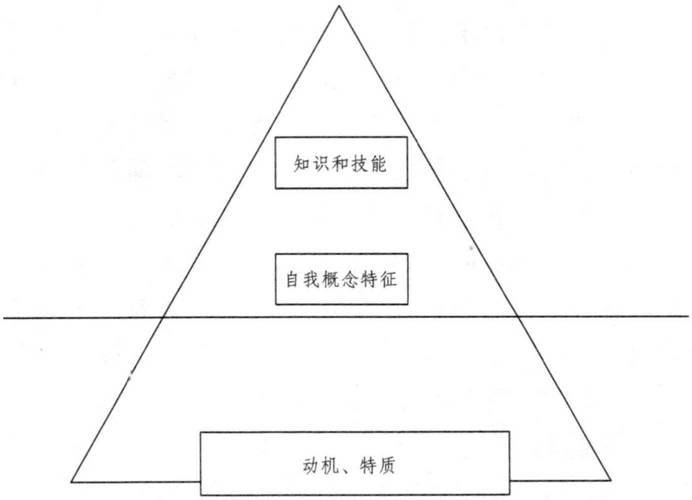

图 1　冰山模型

其中，知识技能是传统人才选拔与工作绩效衡量的指标，处于水面以上，看得见并容易改变，动机和特质藏于水面以下，不易触及、最难改变；自我概念介于两者之间。其中，动机和特质难以被重视，但恰恰是胜任力模型中的重要因素。

知识和技能只是满足工作职业的基本要求，个人素质差距则更多体现在动机和特质上。

三、教师胜任力的基本指标

对于不同行业来说，胜任力模型的构成因素都有不同的特殊要求。对于高校教师来说，其工作职责是教学与科研。成人高校以教学型为主要特征，教师一般偏重教学方面。基于课程思政立德树人的培养目标，对于成人高校教师来说，胜任力模型的水上部分是可见的、容易被观察和评价的知识、技能等。教师的知识主要表现在本学科专业知识、教育学知识和心理学知识等，以及通过专业考试和试讲取得教师资格证等属于基础行为知识技能。优秀教师除了能牢固掌握本学科的知识体系外，还应该熟练地运用多种教学方法，拥有教育心理学和儿童心理学等相关知识，并能联系实际，将这些知识运用到实际教学工作中。

知识是高校教师乃至所有教师从事教学工作的前提和基础，没有拥有足够的知识储备，教学工作就无从谈起，高校教师作为在大学教学工作中最重要的组成部分，在知识传播、创造和运用方面发挥着举足轻重的作用。从另外一个意义上讲，高校教师代表着知识的力量与表现，教师的知识储备与学生的素质素养密切相关。

教师的技能主要表现在教师的板书、表达能力、分析能力等方面，同时教师还应该具有分析能力和概念性思维的能力，可以将专业知识联系实际，根据对象不同运用多种教学方法，将知识运用到教学工作中，并通过履历和听课等方式对技能进行评价。

教学技能是教师必须要掌握的教育教学技巧，教学技能的水平直接影响教学效果，并对教学活动的创新有着积极的作用，如教学设计、课堂教学、作业批改和课后辅导、教学评价、教学研究。根据冰山模型理论，水面以上的知识技能相对易于培养和发展，是成为教师必须具备的条件，这些不能完全作为区分普通教师和优秀教师的标准。而现实工作中往往把这些作为甄别优秀教师的主要条件，如职称、学生成绩和升学率等。

教师的自我概念就是教师对自我的认知，包括教师自我控制能力、自我评估能力和自我反思能力等。教师的自我概念从深层次潜移默化地影响教师的行为和表现。自我概念位于冰山中部，虽然在培训上具有一定的困难，但还是可以通过培训和进修等方式加以提升、改进。

冰山模型水下部分则体现在教师本身的道德素质、形象、自身特质、职业态度、进取心等因素上，与教书育人或科研成果直接相关联的专业知识与能力、工作动机、自我形象、社会角色或个人特质，是个体在教育教学或科研工作中成功采取行动的决定性因素。这部分很难培养，但是却是区分优秀教师和普通教师的重要因素，同时也是教师胜任特征“冰山结构”的核心部分。

四、课程思政中的教师胜任力维度

基于课程思政，思政育人的培养目标，教师的基本素养是提升学生素养与价值观的关键因素。随着社会及科学技术的不断提高，对教师的素养要求也体现了时代的变化。对于新时代成人高校教师来说，专业知识、沟通能力、合作能力、道德品质、信息技术能力、职业态度、责任感与奉献精神等都成为教师胜任力的重要维度。

（一）个人思政素养

习近平总书记在全国高校思想政治工作会上强调，“要用好课堂教学这个主渠道”“满足学生成长发展需求和期待，其他各门课都要守好一段渠、种好责任田，使各类课程与思想政治理论课同向同行，形同协同效应”。[①]将思政教育贯穿于教育教学过程，对教师的思想水平与自身素质提出了更高的要求。其中，“政治要强”是对高校教师贯彻课程思政的首要要求。在教师的专业发展中，基于“立德树人”的根本任务，教师应对党和国家的大政方针有清晰的认识，做党执政的坚定支持者。旗帜鲜明的政治立场，坚定的理想信念是教师在专业教学中践行课程思政的重要前提。对于课程思政中的教师胜任力维度来说，大局观、理想信念、先进性等思政素养是首要维度。高校教师作为成人学生思想的指引者和引路人，向学生宣传党和国家路线方针政策是其首先要完成的自我提升。

心理学家罗杰斯曾经说过：教师的态度决定教育的成败。高校教师

① 习近平在全国高校思想政治工作会议上强调：把思想政治工作贯穿教育教学全过程　开创我国高等教育事业发展新局面[N]. 人民网—人民日报，2016-12-09（1）.

应秉承对学生、对工作、对教育事业忠贞的态度，对本职工作的热爱，正确、积极的人生观与价值观，具备思政教育的意识，将思政理念贯穿进教学中，对学生起到正面的引导作用。

（二）专业思政能力

对于思政教师来说，其理论和素养水平关系到学生接受的程度，所以思政教师应摆正位置，与时俱进，及时学习前沿理论及提高理论实践能力，进而不断提升其专业能力。对非思政专业教师来说，对所授课程、专业中所需的思政要素的精准把握，则决定了其是否能够深入浅出、融会贯通地将专业知识与思政教育结合起来。

教师作为“传道授业解惑”的师者，既然要将知识传授给学习者，自身一定要注重专业素养的提升。对于成人高校的教师来说，一些教师除了教科书外，很少阅读专业书籍，不关心专业研究成果，课堂教学缺乏理论和实践支撑。讲好专业思政故事、挖掘专业育德功能，寻找契合度高的切入点，引发学生的情感共鸣，激励学生自然接受专业思政教育。这就需要教师在备课、专业素养提升中深入挖掘，加深思考，不仅要研读思想政治相关理论书籍、也要对专业的知识结构有深刻认识。专业涉及的职业道德，是专业知识的深层次内涵，做到“润物细无声”，将思政教育“有形化于无形”。因此，专业思政能力也是课程思政中教师胜任力的重要维度指标。

（三）思政传授能力

《国家中长期教育改革和发展规划纲要（2010—2020）》中明确指出，努力造就一支师德高尚、业务精湛、结构合理、充满活力的高度专业化教师队伍。成人高校教师不仅应该具备丰厚的专业知识、业务能力，还应具备高尚的师德修养，才能达到“立德树人”、提升学生“核心素养”水平的根本任务。另外，将自身优秀的品德外化于行，在课堂教学中帮助学生塑造高尚的品德修养。

因成人学生的特殊性，对成人高校教师的沟通及说理能力比普通教师有着更高的要求。面对年龄各异、背景各异、需求各异、接受能力各异的学生，如何掌控课堂，把握教学秩序、满足大多数学生需求，对于教师的沟通和合作能力是一个挑战。而充分将思政理念贯穿在教学过程中且并不生硬，就对教师的讲故事能力提出了更高的要求。注重积累，关心时事，提升自身素养，才能将课程思政更好地融入专业教学，做到德育与专业的完美结合。

五、结语

在成人高校中，要实现思政育人的培养目标，可以从教师思政素养提升入手。教师作为学生成长的引路人，具备什么素养的教师才能承担起培养学生的重任。随着教育环境的变化和教育改革的发展，教师的角色和胜任力也在不断变化，塑造师德为先、学生为本的教育理念，才能在教育教学过程中实现教师和学生的共同发展。良好的师德师风不仅是教师的职业道德，更是专业道德，秉承正确的教育观和学生观，才能真正做到“教书育人，身正为范”。

另外，需要高校转变教学观念，将课程思政目标列为课程学习目标之一。从学生的学习需求角度完善教师胜任力模型体系。重视学生的认知主体地位，结合知识前沿与热点，讲好专业故事，激发学生学习热情的同时帮助其树立正确的价值导向。成人学生不同于普通高校学生，用案例和实践的引导效果优于单一的说教。因此，思政育人不仅育学生，更要育教师。

新时代教师承载着传播知识、传播思想、传播真理、塑造灵魂、塑造生命、塑造新人的“时代重任”。“师者，人之模范也。”在教师队伍建设中，应注重培养教师坚定的家国民族情怀，热爱教育的定力、淡泊名利的坚守，终身学习的习惯和能力，自觉坚守精神家园，不忘育人初心。在具备成为一名教师的基本素养前提下，不断修炼身心，提升自我，最终成长为一名专业、坚守、自信、奋进的优秀教师。

参考文献

[1] 习近平在全国高校思想政治工作会议上强调：把思想政治工作贯穿教育教学全过程 开创我国高等教育事业发展新局面[N]. 人民日报，2016-12-09（1）.

[2] 赵艳云. 基于胜任力理论的高职“双师型”教师队伍建设研究[D]. 沈阳：沈阳师范大学，2018.

[3] 万玉凤. 如何将思政之盐 融入课程大餐[N]. 中国教育报，2020-06-10.

[4] 陈英华，张琳，董为人，等. 教师胜任力理论在高校教师继续教育中的应用[J]. 中国继续医学教育，2015（17）.

[5] 王强. 教师胜任力发展模式论[M]. 上海：华东师范大学出版社，2011.

[6] 赵光，孙伟锋，仲璟怡. “课程思政”视域下高校教师胜任力模型构建研究[J]. 南京社会科学，2020（7）.

[7] 曾丽雯. 试论高校思想政治教育理论课教师岗位胜任力评价指标体系构建[J]. 吉林广播电视大学学报，2020（6）.

PART TWO

专业建设研究

协同视域下成人高校信息专业课程思政教学探索与实践

◎ 陈洁菲

摘　要：“课程思政”无疑引发了近几年高校思想政治教育的一股热潮，成人高校也要将自身专业特色与思想政治教育相结合，在大思政的背景下，打造属于成人高校特色的课程思政新模式。本文从协同视角以成人高校信息专业为例，探索并初步实践专业课与思政教育相互渗透的教学模式。

关键词：协同视域；成人高校；课程思政

“课程思政”是目前成人高校坚持贯彻并切实落实全国高校思想政治工作会议精神的重要着力点，坚持立德树人，坚持全程育人，既是成人高校思政工作的中心点，也是成人高校专业教师的必然使命。随着终身教育的快速发展及终身教育体系的不断完善，思想政治教育工作也备受重视，各行各业都对应聘者的个人修养、道德涵养、职业素养等多方面提出了更细致的要求。所以，成人高校专业思政教育工作，不能依靠于单一、传统的思政程教学。在深化思想政治教育的大背景下，坚定铸魂育人，强化价值引领，打破传统思政课和专业课程之间的壁垒，将思想政治教育主阵地扩大到专业课程中，形成思政+专业新模式，在协同教育视域下，探索构建成人高校专业课程的大思政教育模式，为课程改革和价值引领开拓新渠道。本文详细论述如何充分利用专业课程这一新通道，将思想政治教育内涵融合到专业课程中，以成人高校信息专业为例，立足专业组团队协同建设，开展教学探索与实践。

一、协同共识，明确专业教学思政教育目标

在全国高校思想政治工作会议上，习近平发表重要讲话，对思想政治工作提出要求："要用好课堂教学这个主渠道，思想政治理论课要坚持在改进中加强，提升思想政治教育亲和力和针对性，满足学生成长发展需求和期待，其他各门课都要守好一段渠、种好责任田，使各类课程与思想政治理论课同向同行，形成协同效应。"[①]成人高校开展"课程思政"旨在将思政课程内容与专业课程内容相糅合，将思政内容浸润到教育教学各授课模块、各关键环节，实现春风化雨、立德树人。探求专业课程中专业知识与思政教学之间的联结性，在专业课程授课的过程中，将思政内容潜移默化地加入专业知识讲解中，采取专业渗透的形式实现思想政治教育的教学目标。

将"思政课程"转变为"课程思政"，使思想政治教育内容真正落到学生心中，令思政教学具有时效性，充分发挥专业课程主渠道作用是信息专业课程教学探索的首要任务，努力将思想政治教育内容渗透到专业课程中，融合到教学环节里，推动课程改革，实现全方位育人。为了突破思政教育与专业课程教学相分离的窘境，信息专业组积极开展专业课程"课程思政"教学内容建设。信息专业组通过开展专题教研活动，以团队研讨会等形式，深层发掘蕴藏于专业课中的思政教学案例，在专业课中以专业知识为主，价值引领为辅，落实好以文化人、以文育人的目标，进而实现成人高校教育教学在塑造价值、传授知识、培养能力三方面的教学内涵建设。

---

① 习近平在全国高校思想政治工作会议上强调：把思想政治工作贯穿教育教学全过程　开创我国高等教育事业发展新局面[N]. 人民网—人民日报，2016-12-09（1）.

二、协同共育，提升专业教师思政教学功效

（一）充分发挥专业教师教学优势

成人高校信息专业的专业课程是根据学生培养目标，根据社会人才需求而开设的，注重专业技能培养和市场要求，以专门人才养成为教学宗旨，培养学生掌握相关基本理论和实操技能，以及具备解决现实问题的能力。专业教师要把握讲授专业课程的机会，适时开展思想政治教育。

第一，以专业知识为载体，巧妙融入思政教育内容，缩短思政教育与学生的距离感。第二，成人高校教学模式多以小班为主，专业教师在“时事政治”中挑选适合班级学生的小案例，通过个别化引导，了解学生个体的思想差异，因势利导，达到思政教育实效性。第三，将学生专业学习内容和行业前景相关联，以学生职业发展为导向，培养学生科学的就业观念和职业态度，形成精神引领，为学生人生发展提供正确导向。通过多种手段，将专业教学与思政教育结合协同育人，使专业课程与思政课程相辅相成。

（二）坚持体现专业课程人文关怀

在大力开展思想政治教育的同时，不能缺失人文关怀。人文关怀思想的核心即重视个体成长，重视个体的义务和使命感，其教育目标为人的全面发展，着重个体思想理念变化发展，着重个体内心世界。在专业课中开展思政教育，培养学生正确的人生观和价值观的同时，不能缺失学生个性化发展，应当注意到，学生是具有独立自主意识的个体，具有丰富的精神世界。

成人高校信息专业学生，大部分来自社会，他们有自己的工作岗位，会接触到各方面信息。专业教师在教学过程中，要关注他们的学习态度、工作态度，关注他们思想中体现出来的价值观，注重人文关怀，不仅帮助他们提高专业知识技能，更要提升他们的思想境界，从而帮助他们进一步实现个人价值。

三、协同共建，探索专业课程思政教学模式

（一）建立专业组思政教育协同圈

为了将学生培养成为岗位上的多面手，成人高校信息专业开设了丰富的专业课程。专业组教师成员共 16 人，教授专科、本科专业课程近 40 门，每位教师术业有专攻。信息专业组以学生班级为单位，将每学期在同一个班级任课的教师划分为一个思政教育协同圈，当一位老师同时教授 2 门或以上课程时，他可能参与多个协同圈。这是从人文关怀角度出发划分的，以该班级学生为本，结合本学期开设的课程，不仅在各门专业课程中融合思想政治教育内容，而且考虑各个班级特点，各个学生的个性，同时深度挖掘各门课程内涵建设，达到全面育人的教学目的。

（二）打造思政+专业教育共同体

为了避免专业教师在思政教育环节里面出现视域不全面的缺陷，信息专业组邀请思政工作团队协同参与课程思政建设，由专业组教师整理专业知识中潜在的思政教育视角，并提供案例思路，由思政工作团队教师优化并提升思政教育内涵，将专业知识与思想政治教育结合。专业教师和思政工作团队共同参与教学，为学生在学习专业课程的同时提供思想政治学习养料。

（三）构筑思政+专业教学模式

在专业课程备课过程中，专业教师首先提炼出该次课的主要知识点，与思政工作团队一起，结合思政理念，完成教学方案。在这个过程中，专业教师扎根专业知识技能，赋予思政教学精神，努力专业知识与思政教育的结合点，以引发学生思想共鸣，从而完成专业知识传授和思政教育传递。

在教育教学过程中，一是要坚持课程“三个要点”，即专业知识要点、

基本理论要点、思政教育要点；二是要坚持人文关怀，时刻注意学生的现场反馈以及一段时间的思想变化，既要鼓励学生发挥主动创造性，又要及时发现学生偏离正轨的现象并积极纠正。

基于思政+专业教学模式探索，初步构建如图1所示的教学模式。

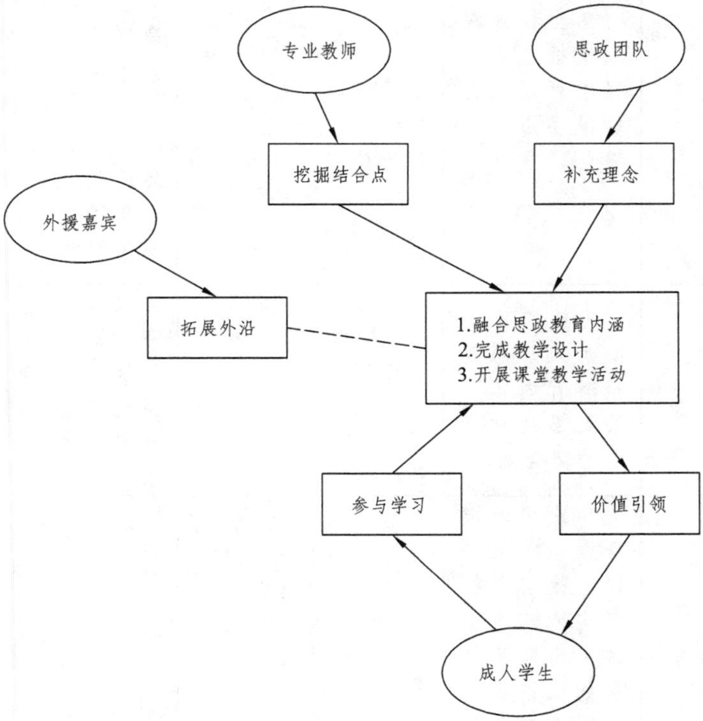

图1　教学模式

四、协同共进，开展专业课程思政教学案例

信息专业2019级有5门专业课，其中“程序设计基础”和“人工智能应用”两门课都需要学生具有一定的钻研精神和自主学习能力。两门课授课的专业教师在协同圈讨论时，从该班级学生特点分析出发，设计了一系列教学活动，并邀请思政工作团队参与思政教学内容融合，最后打造了一份专业课程思政的教学案例，受到学生的好评。(见表1)

表 1　教学案例

教学任务	主要目标	具体实施	学情分析
1. 专业教学设计	专业教师深入挖掘专业课程中可以进行价值渗透的关键点	这两门课的共同点在于，如何让学生尽快掌握代码编写能力，并主动开发新的程序功能，面对困难不妥协。在导学课中应鼓励学生培育钻研精神，不气馁，不抄袭，敢创新，将技术应用到正确的领域	成人学生由于存在工学矛盾，容易出现学生在困难面前放弃研究，同学间相互抄袭等情况。该班级有1名同学接受能力较差，难以跟上班级整体进度，另有2名同学年龄较大，难以应对新的学习环境
2. 思政教学融合	思政工作团队加入思想政治教育内容，找到思政与专业的契合点	思政工作团队认为，可以将工匠精神的学习融入导学课，倡导学生积极主动学习，引导学生努力探索研究	大部分学生已经身在职场，应该改变“得过且过”的工作态度，将扎根研究的态度从学习中带到工作岗位上
3. 嘉宾教授助力	专业组邀请嘉宾教师讲课，提前与教授沟通，希望讲课内容不仅有知识拓展，也要有思政教育内涵	嘉宾教师为学生开展“开学第一课”，以“合成主播”为切口介绍AI[①]相关知识，并适当融入工匠精神，通过案例介绍、故事分享，提升学生的认同感	学生被案例深深吸引，部分学生对科技本身产生兴趣，更有学生表态要好好学习编程，但也有学生对AI本身的伦理道德产生担忧
4. 关怀学生思想	专业教师通过记录、分析、讨论，得出班级学生的整体状态及学生个体间的差异	在课堂上观察学生的反馈及学习情况，课前课后通过与学生交流，了解他们内心真实想法。专业组教师团队讨论，制订学生个别化教学方案	对于学习态度较好的同学，采取问题启发式教学方式，帮助他们开展深度学习。对于接受能力较差的学生，鼓励他完成学习任务。对于年龄较大的学生，增强师生亲和度，拉近距离感，改善沟通

① AI指人工智能，全称为 Artificial Intelligence。

续表

教学任务	主要目标	具体实施	学情分析
5. 提升内涵建设	专业组思政教育协同圈要时刻牢记思政教学任务，思政+专业教育共同体要互帮互助，不断挖掘思政教学点	形成教学设计规范化机制，专业教师在每学期教学设计时，要整理思政教学内容及手段，及时与思政工作团队沟通，不断完善教学内容	关注班级学生内心思想变化，关注时事，了解思政教学新目标

五、总结

专业课程教育以培养学生实践能力、满足岗位需求为主要教学目标，同时需要融合思政教学达到专业精神引领。成人高校的教育工作者，应当以身作则，深刻牢记立教圆梦的崇高使命，避免只注重教授知识而忽视学生思想的现状。既要达到专业课程知识教学目的，更要提升成人学生的思想境界，帮助成人学生进一步实现个人价值。通过专业组教师间的协同，专业教师与思政工作团队的协同，教学手段与人文关怀的协同，努力将思政因子精妙地渗透到教学内容中，坚持深入探索专业课程里的思政教学隐藏点，积极开拓思政教学工作新路径，为成人高校信息专业课程思政教学改革提供经验和范式。

参考文献

[1] 高德毅，宗爱东．从思政课程到课程思政：战略高度构建高校思想政治教育课程体系[J]．中国高等教育，2017（1）．

[2] 陆道坤．课程思政推行中若干核心问题及解决思路——基于专业课程思政的探讨[J]．思想理论教育，2018（3）．

[3] 高锡文．基于协同育人的高校课程思政工作模式研究——以上海高

校改革实践为例[J]．学校党建与思想教育，2017（24）．
[4] 谭晓爽．课程思政的价值内涵与实践路径探析[J]．思想政治工作研究，2018（4）：44-45．
[5] 高燕．课程思政——课程思政建设的关键问题与解决路径[J]．中国高等教育，2017，53（23）．
[6] 周雪．人文关怀与高校思政教育时效性研究[J]．生物技术世界，2013（11）．
[7] 习近平在全国高校思想政治工作会议上强调：把思想政治工作贯穿教育教学全过程　开创我国高等教育事业发展新局面[N]．人民日报，2016-12-09（1）．

酒店管理专业入学教育课程思政实践与反思

◎ 杨玉明

摘　要： 本文以上海市静安区业余大学酒店管理专业入学教育课程思政为例，阐述了在公共必修课中开展课程思政的必要性，同时分析课程思政实施中存在的困难与问题，并从专业建设的视角提出入学教育课程思政的改进方向与实施措施。

关键词： 酒店管理；入学教育；课程思政

"课程思政"一词最早由上海市委、市政府于 2014 年提出，它不是增开一门课，也不是增设一项活动，而是一种教育理念，是将思想政治教育融入高校课程教学和教学改革的各个环节，实现立德树人、润物无声。基于上海经验，一般把高职院校的课程思政理解为：以立德树人为根本任务，将公共课程、通识课程、专业课程和实践课程与思想政治理论课同向同行，构建全员、全程、全课程的"三全"育人体系，形成全方位协同育人效应的一种教育理念。本文以上海市静安区业余大学酒店管理专业入学教育课程为例，阐述了在公共必修课中开展课程思政实践的必要性，同时分析该门课程思政中存在的困难与问题，并从专业建设的视角提出入学教育课程思政的改进方向与实施措施。

一、地方成人高校入学教育开展课程思政的必要性

随着人们生活水平的提升，对酒店管理从业者的职业能力和职业素质提出了更高要求。为了能更好地适应我国经济社会的发展需要，培养

新环境下具备高素质、强能力的专业技术人才，不少从业者进入学校、进入课堂进行深造与学习。“入学教育”是成人高等学校教育教学工作的重要内容，是学生教育管理工作的重要组成部分。切实做好新生入学教育工作，及时指导新同学了解成人教育特点与要求，以帮助学生在今后的学习过程中科学地规划学习生活、正确处理好工作与学习的关系、圆满完成学业。

“入学教育”课程是成人高等学校各专业学生入学必修课程，因其对所有入学的学生都有学习的要求，也有相应的教学实施环节和评价环节，所以开展课程思政有良好的基础。同时，由于入学教育由两部分构成，一部分是由学校教务部门统一开展的，另一部分是由学校各专业的学科组长分别开展的。这样既能推进学生教育管理工作的规范化，又能找准专业发展的现实需求和突破点。以上海市静安区业余大学酒店管理专业为例，由教务科统一安排进行的入学教育主要围绕着学校介绍、学校规章制度、学籍管理规定、网上教学和考试复习五个方面进行，让新生明确成人高等教育的目标、特点与基本要求。培养学生具备三个方面的素质：基本社会公德和文明礼仪（形势与政策、理想信念）；明确学校的基本概况和教育教学管理的规章制度；具备市民实用安全知识与能力（心理健康和安全）。由学科组长及班主任负责并自行开展的班级团队文化建设教育则主要围绕着专业培养目标、专业特色、专业课程设置、让学生如何有效学习四个方面进行，让酒店管理专业的学生明确专业学习目标、专业学习应掌握的技能与知识、专业学习可以采用的方法与平台等。学科组长在入学教育课程思政实施过程中，以学生为本，以专业建设为抓手，从课程内容、课程资源、课堂形式、考核形式等方面着手，将立德树人与服务社会经济建设有效融合。

二、酒店管理专业入学教育课程思政实施的困难与问题

（一）交流尚不充分

美国犹他州立大学教授 Merrill 的研究表明：只讲究信息设计精致化

的多媒体教学和远程教学产品，只会强化教师讲授式的教学。于是他提出了以问题为中心的“首要教学原理”，认为当学生解决真实世界中的问题时，其学习会得到促进。其核心思想是，只有当教师的问题设计是面向真实世界且给学生提供相应的问题解决指导的时候，学生的有效学习才会发生，教师的教学效能才会得以提升。

入学教育是师生间的第一次“亲密接触”，双方都还比较陌生，交流尚不充分，无论是教师对于学生学习兴趣的了解与激发，还是学生持续的学习动力的来源与推动、掌握专业知识与技能的学习需求、当前面临的困难与问题等，学生的表达与教师的了解都不够充分，这些都是入学教育课程实施的主要问题。

（二）工学矛盾突出

现代的酒店管理者已不再局限于酒店行业，很多海外酒店管理的毕业生，他们全面的专业技能、深厚的工商管理知识、多语言的沟通优势，以及大方得体的领导才能，受到航空、会展、奢侈品、房地产、游乐园等多行业的高度青睐。而我们的学生，大部分并不是炙手可热的管理人才，他们常常处于酒店业的一线服务岗位，属于劳动密集型岗位。另外，酒店业的发展模式已经从客栈式独立经营发展到集团化、连锁店的综合管理式经营，并在经营的同时不断多向发展与开发，因而我们的学生常常会面临集团内不同城市间的调动，或者是同一座城市内不同区域的调动。因此，工学矛盾还是比较突出，这为入学教育课程思政实施带来了很大的困难。

三、酒店管理专业入学教育课程思政的改进方向与实施措施

（一）明确入学教育课程思政实施的重点

立德树人是我们的根本任务，以入学教育课程为载体，强化育人功

能，用思政工作统领人才培养全过程。我们培养的是社会主义事业的接班人，着眼学生致力于服务的酒店业，培养学生正确的职业观。在教学内容上，我们要用正确的育人观来灵活教学，将具有时代感的正能量内容引入课堂，将酒店业的先进典型案例引入课堂，授业的同时注重传道，引导学生成人成才。所以，入学教育课程要将育人置于教学工作首位，围绕专业人才培养方案和课程标准，自觉贯彻党和国家的教育方针，将正确的人生观、世界观和价值观渗透到教学全过程。

（二）突破入学教育课程思政实施的难点

许多教师觉得将思政元素融入课堂太难了，因为不熟悉思政理论、不知道教学方法、没有融入经验。把思政元素和专业知识融入课堂，是一项开创性的工作，是实施课程思政的难点所在，我们从“找到结合点和弘扬示范点”两方面入手，逐步深入。

首先，找到结合点。教师要从工学矛盾着手，拉近师生间的距离。以教师的自我成长经历为例，阐述自己的心路历程，可以将师生的立场一致化。再从历届毕业生的案例讲起，讲述这些毕业生的发展经历，帮助学生增强对未来发展的信心。

其次，弘扬示范点。教师要把思政元素和专业知识融入课堂教学内容中去，要强化课程思政意识，找准将社会热点和身边鲜活事例与教学内容有机结合的点。比如，讲“职业道德”时，课堂上可以结合“食物中毒”讲解，用身边的事、用学生们的语言来讲，引导大家尊重职业、维护行业发展。

（三）找准入学教育课程思政实施的关键点

入学教育课程思政实施的关键在于行动，我们需要不断尝试、积累经验。首先，生活化场景的设置可以将思政元素自然融入课程教学，融入的内容让学生有亲近感。其次，不宜照本宣科。要用最通俗的语言、最贴切的案例将道理讲明白、讲透彻。

教育部部长陈宝生强调，要推进“四个回归”，把人才培养的质量和效果作为检验一切工作的根本标准。所以，入学教育课程思政实施的成效才是最重要的。在今后的课程思政推进进程中，我们要始终坚持“以学生为本，以专业建设为抓手，持续改进”，从而确保课程思政的实施成效。

参考文献

[1] 王石，田洪芳. 高职“课程思政”建设探索与实践[J]. 中国职业技术教育，2018（14）.

[2] 韩宪洲. 深化“课程思政”建设需要着力把握的几个关键问题[J]. 北京联合大学学报，2019（4）.

关于成人高校会计专业“课程思政”建设的几点思考——以上海市静安区业余大学为例

◎ 沈雨蕾

摘 要：本文简要梳理了目前正在高校中开展的“课程思政”工作，以上海市静安区业余大学会计专业为例，分析了成人高校会计专业“课程思政”建设的意义，并就在开展过程中发现的问题进行了分析，结合自身在课程思政理论学习、教学研讨和教学实践过程中的思考对进一步推进成人高校会计专业“课程思政”建设给出了几点建议。

关键词：成人高校；会计专业；课程思政

自中共中央、国务院颁发了《关于进一步加强和改进新形势下高校宣传思想工作的意见》和《关于加强和改进新形势下高校思想政治工作的意见》以来，高校思想政治工作得到了高度重视，上海更是从2014年起便将德育工作纳入教育综合改革，成为教改的一项重要项目。教育部与主流媒体也纷纷宣传推广上海“课程思政”建设成效，在全国范围内引起了关注与热议。

2017年4月韩正在上海高校思想政治工作会议中强调：“必须按照党中央的要求部署，切实把高校思想政治工作各项任务落到实处、见到实效。要突出思想引领，……着力把正确的政治方向、价值导向，贯穿到立校办学、育人育才全过程。”①同时他还指出，上海各高校要做到“引

① 韩正. 构建“大思政”格局推动“思政课程”向“课程思政”转变[EB/OL]. 人民网，2017-04-07.

导学生正确认识世界和中国发展大势、中国特色和国际比较、时代责任和历史使命、远大抱负和脚踏实地。要抓好课堂育人、实践育人、网络育人的改革创新，推动‘思政课程’向‘课程思政’转变”。[①②]

在普通高校全力构造协同育人“大思政”体系的同时，成人高校也一直在积极探索适合自身特性与发展的思政教育模式。在上海率先提出高校“课程思政”概念的背景下，上海市静安区业余大学也积极响应教育部与上海市教育委员会的号召，在深入学习与领会上海高校思想政治工作会议精神的同时，于2017年起在成人高校中开展了“课程思政”理念的推广与实践。两年来，全校教师从树立“课程思政”理念，到学习“课程思政”理论，再到践行“课程思政”，形成了一系列的思考与经验，笔者也在循证的过程中就成人高校会计专业“课程思政”建设进行了如下思考。

一、何为“课程思政”

“课程思政”理念的提出是高校全方位、全过程育人的重要举措与有效途径。王瑛、许洁认为“课程思政”不是简单的文字调换，也不是对其他课程的同化，而是对各个学科教学的融汇与促进，具体表现为知识传授、价值观塑造等多个维度，使各科教师都担负起育人之责。

改革开放40年来，我国的市场经济体制几经变革，逐步完善。随着市场的开放，多元化思潮不断冲击着国人的三观，尤其是功利主义、利己主义、享乐主义、拜金主义等观念的不断冒头使社会“自我”风气日盛，而贫富差距的逐渐显现更使这些错误的观念被一些人认同。随着国际经济与贸易的竞争日益白热化，西方发达国家为了继续控制市场，抢占发展先机，打着“人权”与“民主”的旗号，利用各种媒体对国人的价值观进行渗透，以动摇国人的社会主义信念。

笔者认为在会计专业开展“课程思政”建设并非简单的取代原先开

① 韩正. 构建“大思政”格局推动“思政课程”向“课程思政”转变[EB/OL]. 人民网，2017-04-07.

设的思政课，也不是让专业课及选修课的任课教师在课堂上整段教授思想政治理论知识，而是将所授课程的知识点与各思政点有机结合，在讲授专业知识的同时开展思政教育，让学生在接收课程知识的同时吸收思政观念，在教师的潜移默化下自觉形成社会主义核心价值观。

二、成人高校会计专业“课程思政”建设的意义

如果说普通高校大学生都不能避免被这些社会风气所感染同化而对社会主义核心价值观产生动摇，那么原本就来自社会这个大染缸的成人高校的学生就更难坚定不移地做出正确的选择。有鉴于此，笔者认为在成人高校会计专业中开展“课程思政”建设不仅必要，而且意义深远。

（一）有助于培养又红又专的建设人才

成人高校会计专业在市场经济环境的影响下形成了应用型人才的培养目标，在课程设置与培养要求上注重专业知识、通用技能和专业技能而轻视思政教育的情况显而易见，大部分成人高校除在必修课中开设一至两门思政课程之外均未开展其他形式的思政教育。而在工学矛盾日益突出的成人高校，思政课程的出勤率往往不容乐观，对象的缺失、内容的枯燥、方法的陈旧都使成人高校的思政教育效果不尽如人意。

上海市静安区业余大学会计专业开设有马克思主义哲学和中国特色社会主义理论两门思政课，因为专业特性，本专业的学风良好，出勤率较高。然而在笔者与众多本专业学生的交流中发现，学生即使觉得思政课任课老师风趣幽默、平易近人，也鲜有认为这些课程对自身发展是有作用的。

会计是一个专业性与技术性都较强的专业，而笔者认为会计专业不仅“专”还具有“广”的特性。由于会计是现代经济社会中不可或缺的一环，因而会计工作人员活跃在社会各个行业中，所以会计专业人才社会建设参与度极高，参与范围极广。因此，笔者认为在会计人才的培养

中要关注思政教育，要切实加强学生的思想政治素养，并帮助学生树立正确的人生观、价值观和世界观，使学生自觉践行社会主义核心价值观，而“课程思政”则是一个十分好的切入点。

（二）有助于成人高校全方位育人的探索

由于成人高校社会招生的特性，学生普遍存在工学矛盾，出勤率往往难以保证，这就给成人高校的各类教育教学改革增加了难度。而会计专业学生因其本身求学意愿比较强烈，在成人高校的各专业出勤情况中一直名列前茅，具有一定的对象稳定性。所以在成人高校会计专业开展“课程思政”所累积的经验和发现的问题都具有可推广性和普适性，能够为成人高校其他专业开展相关实践活动和进一步开展育人工作提供有益思考和实践经验。

（三）有助于经济社会的纠风正观

“以前我在单位，每天接收到的都是同事抱怨的负面信息，时间久了自己也就认为社会就那样了，对生活和工作都充满了倦怠。自从来了静安区业余大学学习，认识了这里的同学和老师之后，我觉得自己积极了很多。现在我不仅不会被单位同事的负面情绪所感染，相反还能够运用在学校中所学的知识对其进行反驳，开始从积极正面的方向影响同事，感觉自己是正能量的传播者，这种感觉真好。”这是笔者在成人高校的教学实践中听到的学生讲述的一个他自己的故事，让笔者感触很大，更加坚定了笔者作为成人教师培养具有正能量的社会主义建设人才的信心与信念。

因此，笔者认为在成人高校会计专业开展“课程思政”建设能够纠正更多会计从业人员在不良社会风气下产生的错误观念，使自己的工作合法合规地进行，减少企业与国家的经济损失，培养出更多具有正确价值观的会计人才，助力我国经济社会建设的正常、有序开展和可持续发展。

三、进一步推进成人高校会计专业“课程思政”建设

自从“课程思政”在全校大会上被提出后，上海市静安区业余大学会计专业在全专业范围内进行了“课程思政”的积极探索与实践，笔者在参与和组织的过程中发现了一些问题并，做出如下总结。

（一）推动思政课程先行，加强专业队伍建设

笔者认为“课程思政”作为协同育人的有效途径，起到的仍然应该是辅助与提升的作用，我们不能舍本逐末，在推行“课程思政”的同时舍弃“思政课程”这块思政育人教育的主阵地。在“课程思政”的推广与推进过程中，思政课程应该先行突破传统束缚，积极创新，并对非思政课程的“课程思政”推进工作起到指导和引领作用。

上海市静安区业余大学在教育改革中组建了思政团队，由本校资深思政教师带领，致力于学生思政工作及思政课程的专项研讨，且取得了一定的教学效果和科研成果。笔者认为这是相当有益且成功的模式。同时，笔者也认为思政团队在全面开展“课程思政”中的指导和引领作用发挥得还不够。

成人高校由于其生源特性对思政课的课堂要求较高，传统的灌输式教学对于成人高校的思政课的影响与普通高校所担忧的会引起学生反感不同，可能直接把学生“上跑了”，因此如何将思政课上得有趣，一直是思政团队研究的课题。

笔者认为思政课教师应在积极实践思政课堂上的社会主义“软着陆”的基础上，面向广大专业课教师传授授课经验，指导并引领“课程思政”工作的全面开展。笔者所说的“软着陆”并非教师态度立场的“软”，而是充分剖析社会热点中的思政点，从热点问题出发，不仅能够激发学生的听课兴趣，更能有效激发学生的同理心。而基于此引出的社会主义理论传授不仅能表现出教师自身的坚定立场与态度，更能帮助学生自主建立社会主义的道路自信、理论自信、制度自信和文化自信。

（二）提升教师思政素养，开展联合教研活动

鉴于前述，我们已经知道“课程思政”需要每一位授课教师在自己的课程中融入思政教育的内容，并且要求采用非灌输式的方法。两年来，通过校领导和学科组的努力，全校教师都树立了一定的“课程思政”意识，会计专业教师也不例外。与此同时，各专业课及拓展课教师自身思政能力不足的问题也逐步凸显出来。长久以来，基于成人高校以及会计专业的职业性与技能型要求，学科组的专业课教师普遍都比较关注自身与专业理论及专业实务之间的同向同行、紧密结合，而忽视了自身思政素养的提升。

上海市静安区业余大学会计专业拥有一支稳定的专、兼职教师队伍，校内每学期对教师也有政治学习的要求，但是往往停留在“学了”的基础上，没有组织教师开展相关交流讨论活动，更没有将其与课堂教学进行有效连接。会计专业组虽然自践行“课程思政”以来多次组织开展该主题教研活动，然而因组内教师均为会计相关专业背景，因而效果不尽如人意。虽对推行“课程思政”起到了一定作用，但对深入开展“课程思政”的帮助不大。其主要问题体现在，教师缺乏对本课程思政资源的挖掘能力，教师们选取的思政点往往停留在品德层面并且重复性高。

笔者认为，在全方位育人的大背景下，一切社会资源都应该参与到“课程思政”建设中，学校的各职能部门更是不能例外。我们不仅要将所有资源利用起来，更要将其有机串联。比如，教师培训中的政治学习就应该指导教师如何将所学知识转化为思政点，从而坚定自身的政治立场并提升自身的思政素养。又比如，思政团队应该参与到会计专业及其他各专业的相关主题教研活动中去，以专业的视角，帮助各专业课教师共同挖掘课程中的思政资源，使会计专业的“课程思政”内容不再局限于职业道德而延伸到道路建设、制度沿革等领域。

（三）建立有效的“课程思政”评价体系

成人高校会计专业“课程思政”建设的持续开展离不开有效的评价

体系。而“课程思政”成果如何评价，各专业组教师该项工作的完成情况与优劣如何考评，其绩效如何考核，都是相当模糊又亟待解决的问题。虽然会计专业组教师全员参与了“课程思政”的理论学习、教学研讨和教学实践，然而能够留下来的材料就只有教师的思考与研究，这究竟在学生中能起到什么作用，仍然未知。

对于“课程思政”效果的评价无法进行简单的量化评估，“课程思政”本身属于定性分析的范畴。因为学生政治素养的提升并不仅仅取决于学校教育，学生自身的个体因素、社会环境和家庭环境都是影响学生价值观形成的重要因素。

因此，笔者认为，成人高校要建立有效的“课程思政”评价体系，以定性分析为标准，通过反映学生思想前后变化的作业内容，学生参与学生活动表现的变化，以及学生座谈会中学生发言内容的变化去分析“课程思政”的实施效果，给出相应的考核评价指标；也可通过学生间的日常交流、学生对专业信息的关注度，以及学生职业参与度等方面观察学生的成长，建立记录式、问卷式、访谈式的评价指标。

综上所述，笔者认为，如果说普通高校在人才培养过程中应当关注大学生正确三观的培养，那么成人高校在人才培养过程中则更该关注学生三观的修正，承载着为社会输送“正风”人才、推动我国经济社会正向发展的历史使命。值此信息爆炸时代，社会热点更换频繁，不良社会风气显现，就更要求成人高校教师静下心来，走进学生，关注热点，抽丝剥茧，不断提升学生的思想水平、政治觉悟、道德品质。

参考文献

[1] 王瑛，许洁. 论新形势下高职院校课程思政的实现途径[J]. 改革与开放，2019（2）.

[2] 董少校，焦苇. 上海召开高校思想政治工作会议[N]. 中国教育报，2017-04-08（1）.

[3] 严交笋. 高职院校专业课程思政的实现策略[J]. 职业技术教育，

2018，39（35）.
[4] 潘青，张健. 思政课程到课程思政转化的关键问题和实现路径探析[J]. 江苏科技大学学报（社会科学版），2019，19（1）.
[5] 王东清，刘静静. 高校会计专业课程与思政教育同向同行教学改革的理论与实践探讨[J]. 经济师，2019（3）.
[6] 耿刘利，王琦，陈若旸. 高校财务管理专业课程思政教学改革的思考[J]. 西南石油大学学报（社会科学版），2019，21（2）.

成人高校专业课程思政建设实践研究
——以上海市静安区业余大学绘画专业为例

◎ 许　畅

摘　要：在成人高校绘画专业课程思政建设过程中，专业组教师充分挖掘专业课程的特点，发挥专业优势，从而达到理想的育人效果。本文根据上海市静安区业余大学绘画专业课程思政建设实践，从实践目标、途径和实践效果等方面深入探讨，从而进一步提升课程思政的教学能力，打响专业品牌。

关键词：成人高校；课程思政建设；德育；美育

近年来，学校在习近平新时代中国特色社会主义思想指导下，高度重视艺术教育与文化传承创新的职责，全面落实立德树人根本任务，把社会主义核心价值观引领贯穿教育教学全过程和各环节，打造以东西方美学兼容为特征、教学质量在本市同类院校中名列前茅的绘画专业。

一、以社会主义核心价值观引领，做好本专业的课程思政建设

（一）进一步明确成人高校绘画专业课程思政建设的目标

绘画专业首先要协助校领导做好课程思政的顶层设计工作。在学校课程思政建设的总方针指导下，进一步明确本校绘画专业的思政建设目标。坚持把“育人”作为教育的生命，把“立德”作为教育的灵魂。在实践中进一步完善课程思政教学工作，进一步强化专业课程育人导向，

使各类专业课程与思想政治理论课同向同行，形成协同效应。

教学要以社会主义核心价值观引领。教师可以通过指导学生绘制主题性创作，带领学生外出观摩学习，参与各种专题讲座和沙龙，引导学员追求真、善、美，用绘画作品讴歌幸福生活，全方位提高学生的思想水平和绘画技能。专业组教师要加强相关的业务学习培训，加强自身学习，进一步提升开展课程思政的意识和能力。

（二）切实强化课程思政教学和专业课程思政建设管理工作

通过学生评教、同行评课等形式，检验本专业课程思政“价值引领”和“德育功能”的指标。专业组教师要认真参加校内外的相关培训，进一步提升课程思政的教学能力。

注重思政建设的精细化管理，对待工作高标准、严要求。明确职责，掌握正确的工作方法，使各项工作能够持久开展。强调专业组教师的学习能力和创造能力，鼓励专业组教师深入行业，了解市场新变化、新需求，能够根据社会需求和学生需求去调整教学内容，进一步提升教学质量，打造专业特色。

组织开展好课程思政建设的业务学习，组织教师认真学习思政教育教学理论，不断提升课程思政意识，更新教学观念，探索思政教学规律；加强思政教学的规范化管理，研究检测教学质量评价，切实加强教学过程的常规管理；广泛开展思政教学研究活动，解决教学工作中的具体问题；积极开展思政育人科研，确立本专业的科研课题或研究专题，凝聚专业组教师集体的智慧和力量，深入开展理论研究和实践探索。2020 年将完成“市民学习中绘画教学的美学价值引导研究”的区级课题研究，在课题聚焦研究市民学习绘画的教学过程中，教师开展美学价值引导的有效方法和途径。学生的艺术创作主要分为五个主题：社会主义核心价值观、中国传统文化、廉政文化、美好生活、和谐校园文化。五个主题既有关联，又各具侧重点。教师从这几个绘画创作的主题着手，具体指导学生进行艺术创作，深入探索研究美学价值引导的可行性和有效性。

做好青年教师培养工作，根据学校的教师专业化发展规划，确定和落实青年教师培养的具体目标及工作措施，全面关心青年教师的专业发展和健康成长。通过新媒体平台，做好专业宣传和招生工作。挖掘教学中的课程思政的特色和亮点，以优秀学员典型事例作为宣传内容，推出系列化的宣传报道，多角度展示专业课程思政特色，打造专业品牌。

二、以混合式教学为抓手，提升课程思政教学质量

（一）线上教学资源建设

线上教学资源是开展混合式教学的前提，良好的教学资源能充分保障课堂教学的质量。多年来，上海市静安区业余大学绘画专业的每一门课程都设计制作了网上课堂，每堂课的教学资源都有助于学生提前学习，让学生带着问题走进课堂与教师探讨交流。

除了网上课堂的学习资料，教师团队还设计制作了特色课、微课、视频课等不同的学习资源，方便学生利用业余时间进行碎片化学习。

绘画教学团队策划制作的微课“风景写生——视高”、系列视频课“静物写生”和“文艺复兴时期的美术”，是教师多年教学的反思和总结。微课“风景写生——视高”运用了“视觉美育”这样一种教育理念，理念中既包含了理性知识的灌输，又涵盖了感性认识的培育。微课的最后设有互动环节，有意识引导学生独立思考，让学生在听课之余能够更多地去回味，去积极寻找创作灵感，发现艺术的新意。

通过调研发现，学生普遍感到线上的学习资源非常有效地帮助他们更快地进入学习状态，一些基础的知识点可以反复学习，巩固加深记忆，特别是作画示范的视频，可以在业余时间作为自学的辅导材料，提升学习的效果。

（二）线下活动建设

艺术的学习不能一蹴而就，需要日积月累、细水长流。上海市静安

区业余大学绘画教学团队开设了丰富多彩的线下活动，进一步激发了学生艺术创作的灵感，让他们挖掘自身创作的潜能。

1. 课外艺术实践

课外艺术实践是课堂实践的补充，能帮助学生在艺术创作上更快的成长。2017 年 8 月，“庐山国际水彩节”在庐山举办，位于庐山西海风景区的庐山艺术训练营同期举行。2016 级绘画班的部分学生参加了此次活动。活动内容是知名艺术家和水彩爱好者共同写生作画。学生近距离观摩了名家的作画过程。风景在画家的笔下化为生动的水彩作品，巧妙的构图、缤纷的色彩、酣畅的笔触有机结合，产生强烈的感染力，画家纯熟的画技带给学生直观的示范，帮助学生更快地提升绘画的表现能力。在庐山国际水彩节举办的优秀水彩作品评选中，2016 级绘画班陆珺同学的水彩作品表现生活美好、生态和谐，荣获了佳作奖。

2017 级绘画班陆优伟同学积极参与各种区级绘画作品展，他的创作与时俱进，题材鲜明，反映生活。2018 年秋，他的作品《岁月中的一首老歌》打动了评委，成功入选“静安区庆祝改革开放四十周年绘画展”。他认为，参展是提升专业技能的最好方式，自己要大胆走出课堂，走向社会，学会观察生活，体悟时代变化，只有这样才会带给自己更多的艺术创作构思。艺术创作不是闭门造车，需要把自己最真挚的感受融入作品中去，用鲜活的作品讴歌时代，感动观众。

2. 艺术沙龙

艺术沙龙精选主题，邀请画坛名家示范表演，并和学生零距离交流，交流探讨艺术创作的心得体会，深受学生好评。

绘画专业举办了多次客座教授冯信群的水彩作品赏析和写生示范活动。每次活动现场都人气爆棚。参加活动的既有本校绘画专业的学生，又有通过微信报名参加活动的画家“粉丝”。冯教授现场示范了难度颇高的人像写生，他的示范形神兼备，色彩明快，寥寥几笔就展现了人物的性格特征。观摩的学员不时拍照记录，更有学员手持手机全程拍摄录制作画视频，方便日后反复观看学习。东华大学服装艺术设计学院硕士研究生导师、著名水彩画家梁钢教授的当代风格的水彩讲座示范活动也颇受欢迎。梁教授为学员讲解了当代水彩艺术的创作理念和表现技法，他的作画示范更是引人入胜，不同的用色技巧和丰富的运笔方法让学员直观地了解了当代水彩艺术的表现技巧。

3. 画展参观

画展参观活动属于密集型的观摩学习，不同的画展主题和作品风格能让学生吸收到更充沛的艺术养分，有利于开阔学生的艺术眼界。画展参观活动旨在培养学生通过观赏别人的画作，去思考艺术创作的选题和切入角度，从已经成型的画面去推测作者作画的步骤，研究作者采用的表现技法，学习借鉴画面的整体掌控力。

2019 年 5 月在沪举办的“第十二届中国艺术节全国优秀美术作品展览”，汇聚了老中青几代美术家的最新创作。展览通过一批主题性美术作品，彰显了美术家们抒写时代、礼赞生活、讴歌人民的蓬勃激情，并按照画种展现当代美术创作的活跃态势和生动实践。一大批正能量的现实题材作品贴近群众生活，深深感染了观展的学生。例如，反映上海金融系统党建工作的《支部建在楼上——上海陆家嘴金融贸易区党建工作纪实》，让人印象深刻。此外，都市建设、对外贸易、精准扶贫等在本次展览中都有涉及，社会的很多方面在这次展览中有生动的呈现。绘画班学生在参观中收获颇丰，有的学生观展时不停地拍照，并用速写本记录构图和色彩搭配，互相交流观展心得，感受不同艺术风格作品的表现方式，给自身的艺术创作带来很多启示。

4. 优秀作品展示

上海市静安区业余大学为学生搭建优秀作品的展示平台。2017 年和 2018 年，学校分别举办师生优秀作品联展“新年迎新绘画展”“60 周年校庆书画作品展”。展览既是学生佳作的亮相，又是对教学质量的检阅。展览邀请学生的亲朋好友观摩，同时通过微信朋友圈进行展示传播。展览是对学生所取得成绩的充分肯定，作品收获的关注度让学生获得了更多的成就感。展示交流中迸发的思维火花与中肯建议，帮助学生找到前进的方向，有利于学生对自身艺术风格、作品内涵和绘画技术的思考与完善。

三、以中西美学兼容为特征，打造专业课程思政特色

学校绘画专业的学生主要研习西洋绘画，但在美学教学中，则倡导中西兼容的美学观。“中西融合”“传承出新”的思想是学校绘画专业最重要的特征。近年来，教学团队不断梳理总结本专业的学术资源和教学成果，形成了理论与实践结合、传统与创新共融、城市发展与社区资源互动、人文关怀与社会服务共生的精神品质。

中华传统文化是历史上道德传承、各种文化思想、精神观念形态的总体，是中华文明的成果与精髓。在艺术教育实践过程中，应该把那些世代相传、长期积淀下来的优秀传统文化传承、弘扬下去。中华传统文化与西方传统文化有巨大的差异。特别是中国的绘画风格，追求艺术境界的显现，而不是客观地描摹自然。在油画创作课上，教师利用油画大家吴冠中先生的作品作为范本讲解，从而培养学生以形写神的艺术品格。2016级绘画班学生洪明山的油画作品《山村》，吸收了中国传统水墨画的观念和技法。画面造型概括提炼，趋于单纯化，笔触简洁大气，色调变化微妙，追求东方式的诗性美感。整幅画用大面积的黄绿色和黑色把山村的宁静感，以及作者对中国美丽风光的歌颂发挥得淋漓尽致。学生自如运用“泼墨”式的大写意，体现了其对中华传统文化之美的深刻理解。洪明山的毕业创作《崖柏》同样体现出专业追求的“中西融合”“传承出新”的美学理念。画面简洁大气，画面留白背景吸收了传统中国绘画的表现形式，进一步凸显了主体。细腻刻画的对象，兼具了传统中国绘画的白描技法和西洋绘画的写实表现手法，体现了学生多年学习的思考，是中西兼容美学观、艺术创作传承出新的有力体现。该创作得到了校内外评审专家的肯定，荣获校优秀毕业设计表彰。

在 Photoshop 图形软件操作课上，教师来运天在教授软件操作技巧前，先用丰富多彩的图片对传统纹样和水墨画做介绍，让学生能够对中华传统文化有更多了解。在学生具体操作实践中，教师因材施教，指导

学生掌握虚化、留白、去色、色阶调整、烟雨朦胧效果等操作手段，使原本“貌不惊人”的图像素材呈现出空灵唯美的东方意蕴，取得出其不意的视觉效果。这种利用计算机图形处理软件操作的教学方式，让学生对中华传统文化有了更加直观的感受。

2019 年暑期，在本校专业教师蒋峰兰和外聘授课教师徐乔健的带队下，2017、2018 级绘画班的多位学生前往江西景德镇进行了一场中国瓷器文化之旅。活动旨在探讨中西美学兼容的艺术创作。学生通过参观瓷器文化博物馆，并亲手体验创作属于自己的瓷器艺术品，充分感受到中国传统文化的精髓和魅力。学生积极性很高，把课堂中掌握的西洋绘画的功底和自己的创作理念巧妙地融合到瓷器制作中，不同的美学观念碰撞融合，诞生了一件件鲜活的作品。

四、结语

学校绘画专业通过专业课程思政建设实践，美育育人功能得到了充分的重视，专业彰显的东西方美学兼容的特色也得到了进一步的强化。教学团队不断总结工作经验，优化工作方法，使教学质量得到有效提升。学生的学习主观能动性被进一步激发，学生的艺术潜能也得到深入挖掘和开发。今后，上海市静安区业余大学将进一步实践探索绘画专业的课程思政建设，树立精品意识，打造特色专业品牌，丰富专业课程思政建设的内涵。

参考文献

[1] 魏忠强，潘鑫星．美育在大学生思想政治教育中的功能应用及问题研究[J]．安徽文学（小半月），2018（3）.

[2] 应永祥．试论基于混合学习原理的成人教育教学模式[J]．全球教育展望，2009（1）.

成人高校物流专业课程思政实践研究

◎ 毛云飞

摘　要： 近年来，我国高度重视高校人才的培养工作，凸显立德树人的核心地位，强调思政工作须全程贯穿高校教育。本文从课程思政内涵、推进课程思政的必要性、成人高校物流专业课程思政的育人目标、实施路径、建设实践案例五方面阐述了成人高校物流专业课程思政教学的实施情况，为后续实践研究提供借鉴。

关键词： 成人高校；物流专业；课程思政；育人

习近平总书记在 2016 年 12 月召开的全国高校思想政治工作会议上指出："我国高等教育发展方向要同我国发展的现实目标和未来方向紧密联系在一起""要用好课堂教学这个主渠道，思想政治理论课要坚持在改进中加强，提升思想政治教育亲和力和针对性，满足学生成长发展需求和期待，其他各门课都要守好一段渠、种好责任田，使各类课程与思想政治理论课同向同行，形成协同效应""要坚持把立德树人作为中心环节，把思想政治工作贯穿教育全过程，实现全程育人、全方位育人"。①根据总书记讲话的精神，教育界掀起的课程思政探索，是一条很好的"立德树人"实践路径。

课程思政寻求各专业教学知识与思政内容间的关联性，在专业课程教学过程中，通过学科渗透的方式达到思政教育的目的。课程思政是对思政教育概念的丰富与拓展，是对学科教学内涵式提升，是对学科教学

① 习近平在全国高校思想政治工作会议上强调：把思想政治工作贯穿教育教学全过程　开创我国高等教育事业发展新局面[N]. 人民日报，2016-12-09（1）.

发展的路径选择。课程思政的关键是融合，要求将思政教育的内容融入专业课程教学的各方面、各环节，形成全课程育人的格局。

课程思政承载的是一种教育责任，在成人高校推进课程思政应注重：思政教育要深入学生的心灵，引领学生思想和精神的攀升，注重价值引领，促进学生思政素质提升；通过深化课程目标、内容、结构、模式等方面的改革，把政治认同、国家意识、文化自信、人格养成等思政教育导向与各专业课的知识讲解、技能传授有机融合，促进学生全面发展。

课程思政在专业课程中的教学，必须注意不要上成思政课，而是要“润物细无声”地融思政教育于专业教学过程中。教学模式上，要将学员被动学变为主动学，要实现“以教为中心”向“以学为中心”的转变；教学途径上，要扩展教学范围，要将教学从课内延伸到课外，通过网络信息技术搭建课内外物质环境和精神环境；教学互动上，建立师生、生生即时互动渠道，建立全方位立德树人互动交流平台。

一、成人高校物流专业课程思政育人目标

适合的课程思政育人目标是课程思政开展的关键一步。成人高校物流专业课程思政育人目标应紧跟国家发展战略，引导学生“正确认识世界和中国发展大势；正确认识中国特色和国际比较；正确认识时代责任和历史使命；正确认识远大抱负和脚踏实地”。课程教学目标将充分融入思政要求，以培养成人学生价值观的塑造和物流专业技能的提升。

价值观的塑造可以围绕国家发展战略开展案例教学，如对学生进行“爱国情怀、国际视野、互利共赢”等价值观教育等。物流专业技能的提升可以通过模拟实操开展教学活动，使学生握现代物流理念、方法和物流管理所需的信息技术，将学生培养成为适应社会发展需要的“精操作、能管理、懂经营”的高素质应用型人才。

二、成人高校物流专业课程思政的实施路径

开发成人高校物流专业课程的思政资源，需要摒弃传统思政教育的

局限性，变革陈旧的教育理念。在成人高校开展课程思政是一项长期的系统工程，其中专业课程思政教育是最为关键和最难解决的部分，具体可以采取以下措施。

（一）构建全方位、立体化的育人体系

在成人高校开展课程思政是一个漫长的系统工程，因此首先需要做好物流专业课程思政的顶层设计。明确课程思政不是新增一门课或一项活动，需要深入挖掘专业课，以实现专业课程与思政教育目标的精准对接，构建思政课和专业课于一体的物流专业思政教育课程体系。同时，课程思政作为一种教学理念，需要专业课教师、班主任和校内外的专家等加入思政教育体系师资队伍，定期开展教研活动，以提升每位教师的育德意识和能力。将思政教育融入物流专业所有课程的各个环节，在专业教学中潜移默化地渗透立德树人的理念，实现思政教师、专业课教师、班主任和校内外专家的协同联动，构建全方位、立体化育人体系。

（二）明确思政教育的核心地位

思政教育在高等教育中扮演着对学生进行社会主义核心价值观教育的核心角色。因此，成人高校也要牢牢把握思政教育在教学体系中的核心地位，强化思政课堂的育人功能，同时也要强化在教学方法、教学模式和师资团队建设等方面的创新。在物流专业课程与思政内容不断融合中，老师也要打破学科间的壁垒，突破单一专业的限制，实现教学的多元组合。

（三）提升物流专业课的育人功能

所有课程都有着共同的使命——育人，所以要把握专业塑才和全员育人的共通点，实现思政教育主体的多元化，强化专业课程的育人功能，实现立德树人教育内容的不断渗透。这就要求在专业课程教学过程中，融入社会主义核心价值观教育内容，在专业课程中要以专业技能知识为

载体、育人于潜移默化中，除了讲解专业知识之外，还要对学生进行思想引领，传输正确的理想信念和坚定的政治立场。

（四）充分发挥班主任开展思政工作的优势

班主任作为成人学生日常管理工作和思政教育的组织者和实施者，在物流专业成人高校中扮演着重要的角色。这就要求班主任在开展工作时要先搭建与学生的关系链，主动联系专业课程教师和学生等，构建起全员育人的“关系网络”，进行分类管理，提升班主任工作的效率。

三、成人高校物流专业课程思政建设实践案例

（一）课程思政实施方案

物流专业课程思政应与专业内容相融合，避免说教式教育，将思政教育融入课程专业教学。专业教师应将思政资源作为专业课程资源的一个重要组成部分，注重积累思政教学案例资源，逐步形成专业思政资源库。物流专业课程思政可以通过“物流发展市场分析”和“物流人才专业素养”两个方面展开，从而在专业教学中既可融合思政教育内容，又可充分落实“知识、能力、素质”教学目标，将思政内容打造成为课程特色内容。

在“物流发展市场分析”教学中，通过物流发展宏观环境的分析，向学生展示“一带一路”“一带一路+物流”等我国当代的物流发展机遇，让学生领会国家的宏观格局；通过分析我国物流发展现状及未来动向，让学生坚定我国未来全球化发展的信心，增强祖国自豪感。在“物流人才专业素养”教学中，通过外出参观和教学探讨，明确当下物流就业岗位的职业素养、知识及技能要求，而职业素养的提升应以社会主义核心价值观为导向，为学生构建正确的行为框架，在学生潜意识里播下素养持续提升的种子。

（二）我国的“一带一路”倡议与物流背景资料

2017年5月14日至15日，“一带一路”高峰论坛在北京圆满举办，本次论坛共有来自29个国家的国家元首、政府首脑与会，来自130多个国家和70多个国际组织的1 500多名代表参会，覆盖了五大洲各大区域。

据统计，共建“一带一路”沿线国家和地区总人口约44亿人，经济总量约21万亿美元，分别约占全球的63%和29%。“一带一路”的建设，主要是加强沿线地区的互联互通，使人员交流和货物流通更加频繁。推进“一带一路”建设，将进一步深化共建国家和地区的经贸合作并带动物流发展，增加我国西向国际物流规模，降低物流成本，促进中国物流产业改造和升级换代，有利于构筑全球物流一体化的物流战略通道，加快向国际物流发展转变；推进“一带一路”建设将会为我国一些重要的节点城市带来物流发展机遇，同时加快我国制造业、能源、资源和电子商务等物流的发展。另外，“一带一路”建设也对物流提出了更高的要求，如：供应链管理柔性化、创新化、智能化；绿色物流的包装循环利用、环保运输方式等。

（三）教学探讨与外出参观

通过上述背景资料的介绍，引导学生了解“一带一路”背景下我国的发展机遇和物流未来的发展机会，引导学生探讨未来物流的就业方向、从业人员的专业素养。

“一带一路”背景下的物流发展离不开海运的发展，海运的发展必将推动我国港口物流的发展。为了让学生更好地理解港口物流的发展与运作流程，带领学生参观国航实训中心，并指导学生进行模拟港口物流的操作，示范讲解港口物流从事人员所需具备的专业素养。

（四）要求学生完成一份学习心得——成效体现

主题：“一带一路”、物流与我；字数要求：800字以上。

内容可以包括：自己所知道的“一带一路”的背景知识、“一带一路”与物流的关系；“一带一路”背景下自己感兴趣的物流专业就业方向；未来物流人才应具备的专业素养；畅想物流行业如何更好地助力“一带一路”的发展。

四、小结

在成人高校物流专业中推进课程思政本身就意味着运用一种更为柔性的教育方法来进行思想政治教育，为此，要注重教育方法的改进，围绕课程思政的价值塑造、能力培养、知识传授三位一体的教学目标，对物流专业入学教育进行系统梳理和改造。课程设计时就将人文关怀和人格培养作为教学目标和教学内容纳入考量，重新设计教学大纲，在教学大纲中将相关人文价值方面的内容予以明确。而物流专业入学教育就是要塑造学生对物流专业未来发展的信心，培养学生独立思考、分析与判断的能力，向学生传授专业发展前沿动态与技术方面的知识。

参考文献

[1] 郎振红. 高职学校计算机专业课程思政建设的实践探究[J]. 天津市教科院学报，2019（2）.

[2] 李文斯，凤美艳. 应用型本科物流管理专业《物流学》课程思政的构建与研究[J]. 智库时代，2019（19）.

[3] 程晓雯. 高职物流管理专业“课程思政”改革的经验及启示[J]. 现代职业教育，2018（13）.

[4] 刘丽. 高职院校土木工程专业课程思政建设探讨[J]. 魅力中国，2018（41）.

[5] 张兴群，等. 生物工程专业的课程思政建设 [J]. 纺织服装教育，2019（1）.

课程思政下业余制高校行政管理专业的学科建设策略

◎ 许建芸

摘　要：行政管理专业在我国的学校教育中已经开展了几十年，时代的车轮飞快前进，社会需要更多德才兼备的行政管理专业人才。本文分析了业余制高校学生和行政管理专业的特点，提出业余制高校行政管理专业开展课程思政的若干策略。

关键词：行政管理专业；课程思政；社会人学生

习近平总书记2018年5月2日在北京大学师生座谈会上的讲话强调："要把立德树人的成效作为检验学校一切工作的根本标准，真正做到以文化人、以德育人，不断提高学生思想水平、政治觉悟、道德品质、文化素养，做到明大德、守公德、严私德。要把立德树人内化到大学建设和管理各领域、各方面、各环节，做到以树人为核心，以立德为根本。"①作为高等教育的一部分，业余制成人高校也应积极制定相应落实措施，把各个学科的不同资源整理综合为育人资源，落实"知识传授"与"价值引领"的统一发展，建设思想政治理论课、综合素养课和专业教育课融合于一体的课程体系，行政管理专业同样责无旁贷。

---

① 习近平在北京大学师生座谈会上的讲话[N]. 人民网—人民日报，2018-05-03（2）.

一、课程思政是业余制高校行政管理专业人才培养的应有之举

（一）业余制高校学生的特点

业余制高校学生个体差异大，年龄、学历、工作经历、家庭情况、经济条件等都千差万别，其中绝大多数学生已经进入社会，与涉世未深的全日制学生相比，他们经常要面对精神与物质、理想与现实、前途与命运等诸多现实的抉择，他们的人生观、价值观已经带有浓厚的社会性，深深植根于内心，形成固有观念。作为社会人学生，如果在他们中存在一些有悖于社会主义核心价值观的思想、行为，没有思想教育的介入很难改变，更有甚者会在班级内传播，一旦形成风气，后果将不堪设想。此外，社会人学生普遍表现出对思政的趣味性低，单纯的说教对他们很难起到预期作用，但他们对身边富有鲜活生命力的人与事物有较强的新鲜感，如互联网、媒介软件等。因此，在业余制高校开展课程思政对教育社会人学生，营造积极向上的班级氛围，弘扬社会主义核心价值观，进而创建积极向上的社会环境有着不可忽视的作用。

（二）行政管理专业的特点

行政管理是运用国家权力对社会事务的一种管理活动，也可以泛指一切企业、事业单位的行政事务管理工作。业余制高校行政管理专业一般以培养具有现代管理知识，能从事办公室文秘工作、会务管理、企事业单位班组管理工作的基层行政管理人才为目标。只有把这些基层行政管理人员培养成德才兼备、全面发展的优秀管理人才，培养成热爱中国共产党，把为国家、为人民奉献为己任的人才；培养成在实际工作中能做到理论联系实际，真正为人民群众办实事、办好事的人才，才能发挥行政管理专业的作用，实现专业建设价值，为国家建设和社会发展发挥积极的作用。从这一点上看，在行政管理专业开展课程思政具有区别于其他专业的特殊重要意义。

（三）课程思政的内涵界定

所谓课程思政，就是在大学专业课（非思政课）教学中，融入思想观念、政治观点、道德规范等思想政治教育。根据课程的特点，将理想信念教育、中华优秀传统文化教育、中华优秀传统美德、职业文化、工匠精神、革命传统教育、国防教育、劳动教育等融入专业课教学中，引导学生树立正确的世界观、人生观和价值观，坚定共产主义信念，坚定拥护中国共产党的领导，坚定不移走中国特色社会主义道路，坚定中国特色社会主义道路自信、理论自信、制度自信、文化自信，增强使命担当，矢志不渝听党话、跟党走，争做社会主义合格建设者和可靠接班人。

综上所述，业余制高校行政管理专业教师在人才培育时应树立提高德育能力与德育意识的教育理念，在传授专业课程的同时，结合思政内容，打造新时代业余制高校行政管理专业的新气象。

二、业余制高校行政管理专业开展课程思政的若干策略

（一）树立专业教师思想政治教育意识，提升价值引领能力

业余制高校社会人学生思想政治教育处于“孤岛”状态，思政教育与专业教育正处于各自独立的不同层面中，结合力度薄弱。因此，在行政管理专业实施课程思政，首先，要树立专业教师课程思政的意识，正确理解课程思政的内涵，让教师真正意识到课程思政的意义。其次，要实现正确的价值引领，不断提升教师价值引领的能力。教师要加强自身思想政治学习，加强对社会主义核心价值观和中华民族优秀传统文化的理解，并将德育意识培养纳入日常培训体系中，强化专业课教师教书育人的使命感和责任感，用好课堂讲坛，用好校园阵地，有意识地在课堂上引导学生树立正确的世界观、人生观和价值观。

（二）完善行政管理专业课程设置，增强学生对所学知识的文化认同

在课程设置方面，行政管理专业需要进行一些调整和改革。除了现有的专业课程之外，还可以开设一些开阔学生文化视野的公共选修课，以增强学生的文化身份认同，提升文化自觉与自信。比如，开设“中国历史与社会热点问题”课程，引导学生关注中国社会发展的历史与现状，为实现中华民族伟大复兴的中国梦做出贡献；开设“中国政治思想”“西方政治思想”等课程，让学生理解博大精深的中国文化，通过中西方政治文化的对比，深刻揭示中国特色社会主义的政治必然性，提高学生对中国文化的兴趣和认知分析能力，增加学生的民族自豪感，提升文化自信。

（三）挖掘行政管理专业课程中的思政元素，在教学设计和教学内容中融入思政教育

课程设计是实现课程思政的基本路径，而课程的设计主要依靠课堂教学来实施。因此，教师在课前准备阶段要依据课程类型，结合党十九大精神和习近平总书记在全国思想政治工作会议上的讲话精神，努力挖掘现有教材中与思想政治教育相关的元素。比如：

“行政管理学”引导学生正确解读国家的大政方针，比如看到八项纪律给公共行政领域带来的风清气正，比如中国开展中国国际进口博览会的积极意义等，总体上是为了坚定同学们的政治信念，帮助他们树立道路自信、理论自信、制度自信和文化自信。

“行政法”把优秀传统文化和现代政治文明进行糅合，在强调法的国家意志性的同时，引用古训，说明没有法制是不行的，但法制不是万能的。引导学生认识社会风尚、公序良俗对于良法的重要意义，思考社会和个人、家庭的关系，使他们意识到，很多事情并非只是把责任推给制度、推给社会就能解决的，而要从自身的内省和约束做起。

“中国传统文化”选取凸显中国历史上具有先进性或巨大成就的内容，结合课程的主要任务进行课程内容的编排；引导学生由古到今进行

思考，寻找流传至今并且值得进一步传承和发扬的文化现象和思想，并就此展开讨论，让民族自豪感和社会正能量深入人心；结合中外文化交流的成果，引导学生就具体案例分析情况，学以致用，尝试用中国优秀传统文化及社会主义建设成果的事实和思想去解决文化交流中遇到的各种问题。

“社会调查实务”通过引导学生选择与社会主义核心价值观相关的调查选题，从而制定调查方案，进而实施并撰写调查报告，提升学生有关社会调查的理论水平和实践能力，并在此过程中强化学生对社会主义核心价值观的理解和认知。

“人力资源管理”通过工作分析可以明确学生的责任感，可以引导学生正确的就业观，可以树立学生正确的职业观，等等。

“应用文写作”通过对通知、报告、批复等公文的讲解，让学生了解国家法定机关和组织在公务活动中的书面材料，通过计划、总结等帮助学生解决日常工作中遇到的写作问题。通过真实性等写作原则，培养学生实事求是的精神。

“大学语文”以文章中的历史人物、历史事件、思想内涵等为基础，引发学生对人生观、世界观、价值观的思考，在讲解中渗透社会主义核心价值观、中华优秀传统文化和革命文化、社会主义先进文化的教育。

“公共关系学”通过对当下公关案例的分析，把公关过程中应遵循的原则和社会主义核心价值观融入教育教学的过程中。引导学生关注日常生活中的公关事件，认识事物的复杂性，形成包容、宽容和从容应对复杂情况的健康心理，让学生掌握开展公关活动的基本方法，并提高精神气质和提升个人形象，赢得他人的好感并感染他人、影响他人，以适应社会、协调各种关系。

“社会保障学”以案例学习和时事政策分析为教学方法，紧密围绕中国现有社会保障制度、实施情况分析等内容实施课程思政教育，以政策解读、地方实际操作条例实践学习运用、社会保障案例分析的方法，引导学生掌握中国社会保障制度，学会维护自身合法权益，正确地理解现有社会保障政策的执行。

目前，业余制高校行政管理专业的课程思政得到了一定程度的推进，教师们形成了一些好的做法。在教学内容上，充分考虑学生实际，因材施教，努力寻找能激发学生兴趣的案例、社会热点，自然而然地把思想政治教育融入课程知识，做到润物无声。在教学方法上，积极尝试了案例法、练习法、“翻转课堂”法。比如：如何使案例的引入呈现系统性，以达到长效；如何避免灌输式教育，引导学生进行反思；如何培养学生积极思考的学习态度，参与讨论或承担起专题发言，努力改变以教师为中心的单向知识传授方式；等等。

课程思政不仅仅是外化于行的，更多的是内化于心的，要在授课过程中将课程思政融入学生内心，让学生有发自内心的感悟和思考。只要有意识、有计划，我们就可以将思政融入课程中，将社会主义核心价值观融入课程中，将德育教学融入课程中，为国家和社会培养全心全意为人民服务的好公仆，踏踏实实为社会主义建设添砖加瓦的基层管理者。

参考文献

[1] 王劲松，王怀启．浅析成人高校学员思想教育工作方法[J]．湘潮（下半月），2011（6）.

[2] 唐抗，周婷婷．对我国行政管理专业人才培养的思考[J]．现代国企研究，2017（14）.

[3] 李焦明．如何实施“课程思政”[N]． 中国建设报，2019-08-28（5）.

[4] 彭程程．基于“课程思政”的本科法语专业教学探索[J]．科教文汇（下旬刊），2019（8）.

浅论中医养生保健专业建设中的课程思政教育

◎ 鲍国政　卢春香

摘　要：本文以中医养生保健专业课程思政的目标为引导，围绕培养实用型人才的教学目标进行课程思政设计的分析，阐述了中医养生保健专业课程的设计过程中的思政元素落实情况，并针对问题提出了相应的课程思政实施建议，以期使中医养生保健专业健康、有序的发展。

关键词：中医养生保健；专业建设；课程思政

随着社会经济的发展以及人民生活水平的提高，社会各阶层和各个群体的人们对健康的关注度越来越高，越来越多的人迫切地想提高生活质量，保持身体的健康状态和良好的生活状态。中医养生保健专业正是基于社会的需求，通过培养中医养生保健方面的专业人员来传承我国传统中医养生保健的理念和方法，增进人民群众身心健康，通过中医药养生、保健、医疗、康复服务，涉及健康养老、中医文化和健康旅游等，帮助人们达到身体的健康平衡，进而促进社会和谐发展。

大学是培育人才的场所，大学和职业技能培训班的区别在于，大学不仅授业，更传“道”——道理、道义，也就是世界观和方法论。课程思政就是要“唤醒”所有专业课程关注对人的心灵的启迪，将思政课与专业课有机地融合起来，将专业课中的有“立德树人”功能的思政元素发掘出来，将教师的育人功能在授业过程中发挥出来，实现全程育人、全方位育人，使专业课程与思政课相辅相成，形成协同效应。

中医养生保健专业基于中华传统优秀文化，服务社会，其所蕴含的“道”的重要性自不待言，课程思政也恰恰与专业建设形成互相支持的关系。这里，我们着重从专业建设角度探讨课程思政的落实思路。

一、中医养生保健专业课程思政的目标

根据社会发展的需求，静安区业余大学中医养生保健专业确立的培养目标是："培养德智体全面发展，具有良好的职业道德和人文素养，具备必要的中西医基本理论、基本知识，掌握中医养生保健及使用的基本技术，能从事中医养生保健服务、养生保健教育培训等工作的高素质实用型人才。"这个目标首先强调了中医养生保健专业培养的学生必须兼备良好的政治素质、文化修养、职业道德和服务意识，要具备事业的使命感和责任感，具备传统中医讲求的大医仁爱之心。中医养生保健的教育必须始终强调将人文素养、科学素养、职业素养教育贯穿教学的全过程。

在哲学上，"知行关系"是辩证的，具体到中医养生保健专业的教师，面对着专业建设中的德育教育，则不能模糊界限，应该树立"先知后行"的意识，即自己要明方向后再行动；同样也要教会学生"三思而后行"，正心而端行。中医养生保健专业的理论的一个重要来源是中华优秀传统文化，这使专业的职业道德教育更容易与"立德树人"的思想政治教育对接，课程思政显得更为必要也更为有利。一些中医专业工作者撰写的论文，从不同的角度提出了课程思政教育的目标，值得我们借鉴。我们认为，中医养生保健专业课程思政建设的目标有一些具体的特点，但不会脱离专业建设和课程思政的共性，所以，还是应该用共性与个性相结合的视角去看，才能更精准地把握课程思政建设。具体要求如下：

（一）重视"三观"教育

世界观教育是根本的、宏观层面的教育。中医养生保健理论所奉行的"天人合一"的世界观，含有朴素的唯物主义和辩证法的因子，是很容易与马克思主义的辩证唯物主义对接的。在专业建设过程中，要认识到，以物质第一性为基础的对立统一世界观，其思想教育的效应对于提升学员思想境界以及专业造诣都能有所帮助；反观之，与我国改革开放

以来形成的“科学发展观”“两山理论”，也是基于马克思主义的世界观，吸收了中国传统哲学思想中的精华，而形成的中国特色社会主义理论成果。所以本专业的课程思政建设中，辩证唯物主义世界观教育是必需的，而且也是有优势的。

人生观教育是中观的、轴线式的教育。要着重将传统经典中的“顺其自然”生命观与马克思主义的人的社会属性、人的自由发展观对接起来，注重经典理论的传承与时代特征的结合，着眼于“生命教育”，围绕社会主义核心价值体系，以“友善”价值观为核心，传播敬畏自然、珍爱生命、关爱他人的生命观。

价值观教育是微观层面、点状分布的，所涉及的内容非常之多。但是中医养生保健依然有着核心的、有特色的传统价值观来作为引领。概而言之，就是要以“良知”和“社会责任感”为发端，衍生出一系列的学科价值体系和职业价值体系。古人所说的“不为良相，便为良医”“悬壶济世”“仁心仁术”等箴言，都反映了中医从业者在传统社会中的职业良知要求。社会主义核心价值观中对于职业伦理和职业道德也有明确要求，当前社会中出现了一些打着中医养身旗号的机构，行欺诈之事，败坏了专业和行业的声誉。作为社会主义的成人高校，我们的专业建设中，对于学员的价值观引导，是非常急切而必需的，也有很多事情要做。

（二）培育科学精神

中医养生保健的专业课程，其主要的理论源于中国传统医疗和养生的实践，其义理解读也主要来源于中国传统哲学文化。在教学过程中，难免会以传统文化中的“气”“五行”作为言说载体，如果仅仅出于“爱国”热情地搞一家独大的“文化自信”，那么也就难免坠入故步自封、神秘莫测的泥淖。正如有研究者所言，“‘传承’是中医药学历经千年而泉源不竭的必要条件，但是传承不是一味地全盘照搬，更重要的是去粗存精、取长补短”。[①]党和国家一贯的方针是中西医结合，不要走偏。在今

① 廖广凤 等. 基于“传承精华，守正创新”理念的《中药化学》课程思政探索[J]. 广东化工，2020（10）：181.

天，人类社会发展的事实已经证明了科学的巨大作用，科学思维作为认识世界、改造世界的重要工具，在于其认识上的严谨逻辑性和实践上的可证明、可证伪的特征。中医养生学有一些需要背诵的经典，教师需要教会学员在勤奋学习的同时，避免食古不化（当然也不要食洋不化），要学会辩证地看问题、辩证地学知识，学会科学思维、科学试验的价值与方法。

中医养生保健专业的课程思政，要运用马克思主义的唯物辩证法处理好现代科学与中国传统医学之间的关系，不要厚此薄彼，但是也不是要简单调和，而是要借助科学理念、科学思维、科学方法去解读（包括批判）好、发展好中医养生保健理论知识和实践经验。

（三）启发学习精神

成人高校的学生，学习中有功利性在所难免，仅仅为了混一张文凭的也大有人在。相对而言，中医养生保健专业学员在学习态度方面要认真一些，但是为何学习、怎样学习的问题也还是需要继续给予明确指导，这也属于学习精神范畴。

在学习意义、学习目标方面，要将远大理想和现实需求结合起来。毋庸讳言，成人高校的学生多数是已经从业的“社会人”，业务能力、业务绩效是他们最关注的切身问题，离开这些谈思政，肯定是不受欢迎的。学习精神恰恰有助于他们解决这些问题：如对于中医中药的态度，一味地吹捧和一味地贬低，都不能于世有益，关键在于人们如何去辨别、如何去继承、如何去创新。

学习精神的内涵，一是在于坚持终身学习，树立专业精进的理想。屠呦呦教授历时几十年，研发出青蒿素防治疟疾的药物，就是终身学习精神的成果，这种精神可以激发学员为中医中药以及健康养生注入理性思考，也许未来某一天，他们中也会产生有贡献的“大家”。二是在于服务社会，当前全国都在建设学习型社会，上海市、静安区走在前列，中医养生保健从业者要关注这个大势，呼应这个潮流，才能有更好地促进职业发展，这依然需要培养学习精神。专业教师必须从这一点出发建立起与学生交流的“共情”平台，为学生学习指明方向。

二、课程设计中的课程思政要素整合

我国传统中医学具有悠久的历史、博大精深，课程设置的合理性决定了中医养生保健专业学生的培养质量。为了学生能在教学中深刻体悟中医养生保健专业的精髓，达成既定的教学目标，中医养生保健专业的课程设计体系中必须注重课程思政要素的融入和整合。我们开设这个专业的时间很短，课程思政在成人高校实施的经验还处在无以为借的阶段，我们对于中医养生保健专业课程思政要素的思考初步明确在课程体系层面。

（一）以培养为社会服务的实用型人才为目标

中医养生保健专业是应用型专业，教学和课程设计应着眼于培养中医理论和实践能力俱佳的实用型人才，所以，中医养生保健专业在对学生进行中医基础理论、基本知识的学习，对其进行中医思维训练的同时，要加强对中医养生保健专业学生的实用型能力进行培养。因此，中医养生保健专业确立了培养为社会服务的实用型人才教学目标。围绕这个教学目标开展课程设计，可以使教学活动有序而又生动活泼地开展，让每个学生都能掌握一定的中医养生保健的基础理论、知识和技能，学有所长，学有所用。

上海市静安区作为全国文明城区，正在努力建设学习型城区样板，推进市民终身学习；同时又面向白领、白发两类人群，开展健康养生公益服务。中医养生保健专业将大有可为，要面向上海现实、静安现实，在课程设计中融入这些要素——设计符合区域需求的课程，在课程中设计符合区域需求的教学内容，通过“服务社会”提升专业人才培养的品位。

（二）以兼顾职业道德和专业实用技能为抓手

中医养生保健专业的课程分为三类：基础课、专业课和选修课。其中，公共基础课包括马克思主义哲学原理、中国特色社会主义理论、法律基础和思想道德修养、计算机基础和入学教育，教学目标是通过这些课程的教学培养学生具备具有良好的思想道德品质、敬业精神和团队精神，具有良好的人文素养、健康的身体和心理素质等，为社会的发展和健康的生活环境奠定健康的理念；专业课和选修课包括中医养生保健的专业理论知识以及具体的养生保健技术和方法。这三类课实际上就“道”与“术”的递进关系，应该在学生入学之初就给他们讲清楚。

（三）明确课程思政教育的分层目标

对于中医养生保健专业的学员进行“立德树人”的思政教育，从发展高度来看，可以分为“职业能力”和“职业道德”两个层次——前者是“术”，后者是“道”。整体上的思政教育有学校的思政课程系列引领，而专业课程中的思政教育内容，初步设想，在“职业能力”层面，要融入“国家发展战略”“本地社会发展”“辩证思维方法”等主题知识；在“职业能力”方面，要结合中国传统文化中的“家国情怀”，重点将社会主义核心价值观中“和谐、爱国、敬业、诚信、友善”等关键概念融入。

（四）重视职业道德教育在入学教育中的首因效应

中医养生保健专业的教学目标是培养中医养生保健方面的实用型人才，所以在培养中医养生保健专业学生的过程中，应该专业教育和人文教育并重，培养中医传统文化强调的医术与医德并重、专业和人文并举以及淡泊名利、尊重生命的医道精神。开学之初，学校给学员进行全校性的入学教育时，强调学习的同时更重要的是诚信做人；专业组也要对学生进行相应的入学教育，重点放在专业的培养目标和课程设计方面，为学生提供专业介绍的同时强调专业课程设计的目的是培养实用型人才，既注重培养专业技能，又注重职业道德的灌输，教给学生既要学习，又要做人，通过学习促进学生学识和能力的发展，成为社会有用之才。要在学生踏入校门之初就感受到重视职业道德教育的首因效应。

三、专业建设中的课程思政实施设计

（一）探索适合本专业的“课程思政”新理念

关于课程思政在中医中药专业建设方面的研究已经有一些成果，在养生保健方面的探索也有一些。但是目前多数研究和实践的成果还处于表层或者宏观阶段，如何分门别类、分层分段地精准推进，还没有明显的成果。特别是具体到静安区业余大学，以及所在的成人高校领域，都处于摸索阶段。我们是先行探索的队伍，应该注意组织专门力量，就中医养生保健专业的课程思政问题开展专项研究，阅读文献、撰写研究论文、开展课题实践，把研究成果应用到专业建设中来。

要厘清“思政教育是思政课教师的事”的错误认识，把课程思政归纳到职业道德建设、人才培养成果的范围内，要让教师们意识到课程思政是“百年树人”的做法，并由此树立课程思政的理念，于专业学习之外，继续学习“道”的精神，从而提升专业教学的品位。从提炼本学科、本专业的内在价值和社会价值着手，努力挖掘本学科、本专业中的思想政治元素，将其嵌入专业课程大纲、教学、考核等各个环节。①

（二）专兼职教师队伍的互学共进

教师队伍的不断优化是提高教学质量的保证，中医养生保健专业在教师队伍的建设方面要下力气培养教师。比如：可以通过专业的招聘渠道招聘应届毕业生补充到专职教师队伍中，建立自己稳定的专业教师队伍；也可以通过多种渠道拓展兼职教师队伍，如到中医药大学或者中医学院以及中医医院等机构挖掘有能力素质高的兼职教师到学校任教，充分利用他们的专业知识为学生提供专业指导，形成专兼职相结合的教师队伍，确保教学目标的达成和教学任务的顺利完成。

要创造交流沟通的渠道和平台，让专兼职教师队伍实现沟通、融合。

---

① 章德玉. 思政教育融入专业课程的教改路径与对策研究[J]. 教育教学论坛，2020（5）：75.

专职教师的长处在于比较了解学生，兼职教师的优势在于社会接触面广。两相结合，就可以面向专业发展前景、面向学生发展现状，明确课程思政的教学内容，汇总课程思政的独特教学方法。

（三）调研学生需求，灵活确定教学内容

课程思政的一个重要特点是“润物细无声”，要春风化雨般地将正确的三观传导给学生，要更进一步地激发学生自动自发地树立正确的三观，无论是课程设计还是课程教学标，都应该充分征求学生的意见、了解学生的原有基础，进行问卷调查了解学生的需求，从时间安排和课程进度多方面考虑，既考虑成人学习的特点，又考虑教学的难易程度和任课教师的时间，这样才能有的放矢、得到学生呼应。如在已开设的“人体解剖学”课程中，不仅强调解剖技能的传授，更注重学生对生命意义的思考、对责任意识的审视，在学习的同时，让学生对敬畏生命、感恩回报、无私奉献等价值观产生共鸣等。在整个教学设计和开展中，始终以学生为本，根据学生和市场的需求调整教学内容和计划，以期顺利达成教学目标。

（四）建设课程思政管理与评价机制

鼓励教学研究中的课程思政研究，开展集体学习、集体备课；就本专业的课程思政理念、原则、实施路径达成共识；鼓励教师开展多元化的教学方法综合运用和创新；建设课程思政教学资源的共享机制；鼓励学生参与课程思政建设的实践；组织学生参与服务社会的活动项目；建立健全课程思政建设的持续评价和监督体系；引入知名专家、政府机构、社区和市民对专业建设的评价。

总之，中医养生保健专业要树立“以学生为中心、以教师为主导”的教学理念，确立“培养为社会服务的实用型人才”的教学目标，科学合理地进行课程设计和规划，坚持理论与实践并重，通过专业课程中的“润物细无声”的思政教育，引导学生学好专业基础知识、掌握中医养生

保健的实用性技术和技能，并以灵活多变、不拘一格、与时俱进的教学方法，切实有效地开展教学，顺利达成既定教学目标，培养有职业道德素养的中医保健人才。

参考文献

[1] 刘自平. 中医师资队伍建设存在的问题及建议[J]. 江苏中医，1998（7）.

[2] 杨柳，等. 中医护理学基础课程的“课程思政”教学实践[J]. 中华护理教育，2020（5）.

[3] 廖广凤，等. 基于“传承精华，守正创新”理念的《中药化学》课程思政探索[J]. 广东化工，2020（10）.

[4] 章德玉. 思政教育融入专业课程的教改路径与对策研究[J]. 教育教学论坛，2020（5）.

[5] 林才志. 中医人才培养的若干思考[J]. 广西中医药大学学报，2018（3）.

PART THREE

教学实践研究

在成人教育“管理学”课程中落实立德树人的探究——以“时间管理”一课为例

◎ 金子旸

摘　要：“立德树人，德育为先”，本文以成人教育“管理学”课程中的时间管理为例，探索怎样在“管理学”课程中落实立德树人的任务。

关键词：立德树人；成人课程；核心素养

“立德树人，德育为先。”习近平总书记强调用新时代中国特色社会主义思想铸魂育人，贯彻党的教育方针，落实立德树人根本任务。习近平总书记还指出，“思想政治理论课是落实立德树人根本任务的关键课程”①。他强调：“办好思想政治理论课，最根本的是要全面贯彻党的教育方针，解决好培养什么人、怎样培养人、为谁培养人这个根本问题。”②在此大背景下，笔者认为，教师是德育工作者，课程思政必须依靠广大教师深入挖掘各类课程与教学方式中蕴含的思想政治教育资源，把思政小课堂与社会大课堂相结合，通过润物细无声的课堂教学，使各类课程与思想政治理论课同向同行，形成协同效应，实现立德树人的人才培养目标。

同时，探寻更加贴近信息化时代特点、更加贴近青年学生思想实际的思想政治教育方式、方法，激发学生的爱国情、强国志和报国行。“管理学”课程中蕴含着课程思政的核心素养：政治认同、科学精神、法治意识、公共参与。可以看到，“管理学”作为德育的显性课程，通过培育

① 习近平：用新时代中国特色社会主义思想铸魂育人　贯彻党的教育方针落实立德树人根本任务[N]. 人民日报，2019-03-19（1）.

② 习近平：用新时代中国特色社会主义思想铸魂育人　贯彻党的教育方针落实立德树人根本任务[N]. 人民日报，2019-03-19（1）.

学科核心素养，与其他学科和相关德育工作者共同承担立德树人的任务。因此，笔者以“时间管理”一课为例，探索怎样在成人教育“管理学”课程中落实立德树人的任务。

一、教材分析与学情分析

管理学是一门系统研究管理过程的普遍规律、基本原理和一般方法的科学。作为一门专业基础课，其特点是理论性比较强，为学生学习后续专业做准备。通过本课程的系统学习，学生可了解管理的一般运行过程，掌握管理的一般原理和方法，提高分析问题和解决问题的能力。“时间管理”为“管理学”中的内容，其主要内容是：掌握时间管理的要点并能运用于实践。“时间管理”是提高学习者管理学理念的重要载体，是对前段学习内容的发展，能提高学习者对时间管理重要性的认识，能促进学习者掌握时间管理的常见方法，能使学习者了解时间管理的本质并能运用于实践，能帮助学习者解决因为缺乏时间管理的理论知识而造成的工作低效和生活困惑，从而有效地赢得时间，做自己的主人，培育核心素养即学会学习、健康生活、具有人文底蕴、具有科学精神、有责任担当、实践创新。

因面对的是一群来自不同年龄、不同行业的学生，相对来说，他们的学习能力与知识基础差异较大；学生因为工学矛盾突出，在时间管理上相比其他人更需要学习；大部分学生对时间管理的知识，往往停留在生活经验的积累上，有的在工作中已经积累了一定的时间管理经验，但缺少理论上的方法指导，以致学习、工作效率不高。如何有效利用学习者的差异资源为教学所用，也是本节课必须思考的问题。

二、设计意图与流程

要在“时间管理”一节课中挖掘出立德树人的内涵，必须对立德树人有正确的认识。立德，就是坚持德育为先，通过正面教育来引导人、感化人、激励人；树人，就是坚持以人为本，通过合适的教育来塑造人、改变人、发展人。立德树人，不仅要求教师“德才兼备，以德为先”，更要坚持将立德树人这一思想贯彻落实到教育教学各个环节，用“德”字来培养学生，依“德”字来评价学生。要围绕“勤学、修德、明辨、笃实”的要求，从落细、落小、落实入手，充分利用课堂教学这一育人平台，促进学生学会劳动、学会勤俭，学会感恩、学会助人，学会谦让、学会宽容，学会自省、学会自律。

基于以上认识，通过设计三个重点环节的内容，来探讨学习“时间管理”。

（一）问题思考

（1）联系生活引入：很多人觉得，这是一个“拼爹”的时代，公平的理想依然遥远，不公的现实总是存在。忙碌的人们每天很忙而没有什么成就，只有抱怨老天的不公。你也有这样的抱怨吗？

（2）出示视频：忙碌着……

（3）引出思考：大家都很忙碌，你会不会思考：你虽不是“富二代”，在很多的不公平中，还有这唯一公平的资源：时间！（板书：时间是唯一对每个人都公平的资源）

但你的时间都去哪儿了？（学员互动交流）

（4）教师小结：与其感叹你缺乏别的资源，如金钱、人脉，不如好好管理时间资源管理以弥补其他资源的不足，因为时间资源的正确使用可以创造出其他的资源。

（5）出示课题：时间管理。

（设计意图：用身边的事例引入，激起学生的共鸣。用录像、照片、叙述等形式呈现教学实践案例，激发学生的思考和学习兴趣，并引出公平的资源——时间，为后续隐含的公平公正的信息做铺垫。）

（二）主题学习

1. 时间管理的重要性

（1）名人的时间：展示多位名人的时间表，询问学生每天的时间表。

（2）普通人的时间：计算 3 年的时间。

板书：每人每天都有 86 400 秒的时间。

（3）时间管理的概念。

时间管理就是自我管理。

自我管理即是改变习惯，让自己更有效率。

把事情很快地做完，叫作效率。

把事情很快又很正确地做完，叫作高效。

时间管理就是事前的规划或长期的计划。

2. 时间管理的方法

（1）时间“四象限”法：紧急、不紧急，重要、不重要。

结果——高效能组织。

解决方法：

① 番茄工作法（以 APP 番茄 ToDo 为例）。

② 时间 A B C 分类法。

小结。

（设计意图：展示名人的时间表，特别是引用航天员景海鹏豁出命来也要飞天，珍惜 20 年分分秒秒的训练时间等壮志凌云的故事，用榜样的力量引导和激励学生；计算每人拥有的时间，除去其他的，让学生认识到，用于每个人工作、奋斗的时间是有限的，从而揭示时间管理就是自我管理，就是改变习惯，达到做事高效。接着介绍时间管理的方法，通过举例、思辨、对比来加深对时间管理方法的掌握。以此，将理论学习与问题思考相结合，将知识学习与素养培育相结合，帮助学生学会自省、学会自律。）

（三）案例分析

（1）何经理的一天。

（2）试分析何经理在时间管理上存在哪些问题？

（3）请帮何经理支招。

（设计意图：通过同桌讨论、互动交流的形式，让学生分析案例中存在的问题，尝试用所学的理论来分析实践问题。通过辨析，加深对所学知识的理解；通过交流，认识到要学会做时间管理的主人，必须要自律、自强。）

三、设计策略分析

（一）结合生活实际，着眼学生自律发展

在教学中，学生对知识或某种技能的掌握固然重要，但更重要的是通过接受教育建立人的社会性功能，使自己成为一个合格的社会人。生活是最好的老师，生活也是学生思想品德形成的重要途径，高校课程思政的生命力也依托于社会实际、依托于生活实际，因此，我们要实施理论知识与生活实际相结合的成人课程，实现理论观点与生活实际相结合，激发学生的学习动机、成长成才的愿望。本课中，教师面对的是一群来自不同年龄、不同行业的学生，相对来说，他们的学习能力与知识基础差异较大，在实际生活中已意识到时间管理的不足带来的问题给社会、家庭和他们个人带来的巨大挑战，极大地激发了自己的兴趣。在"问题思考"环节，学生们对"你的时间都去哪儿了"这一问题进行了反思。在"主题学习"环节，对比成功人士，思考"你有你的时间表吗"，激发学生对时间管理即自律地管理自己的重要性的认识。在"案例分析"环节中，通过"分析何经理在时间管理上存在哪些问题？请帮何经理支招"等开放式辩论，学生们在辩论中进行思想的碰撞，进而剖析个人成就与时间管理的重要意义，同时也认识到"个人自律、自强能使自己拥有幸福的生活，能给后人带来可期的未来"。

基于生活、源自生活的探究，不仅能激发学生更强烈的学习动机，也让理论课程更有温度、更有情感。在自主辨析的思考中，在尝试解决问题的方案设计中，学生的认知从感性深化为理性，并最终内化为自身的品德，能够认识到个人与国家与社会的变化发展息息相关，要努力形成终身学习的能力，增强人文关怀和使命感，并愿意为之践行，成为对国家、对社会有益的人。这是课程思政的学科教学路径，也是学科价值所在。

（二）融入学习探究模式，突出学生的主体地位

核心素养是学生应具备的适应个人终身发展和社会发展的正确价值观念、必备品格和关键能力，而学生的价值观念、品格和能力，只有在其社会活动中，在分析解决问题、进行价值选择与行为实施的过程中，才会得到充分的展现、锻炼与提升。这就要求在教学过程中，教师必须通过活动性教学突出学生的主体地位，充分发挥学生的主体作用。在本课教学中，教师尝试以理论知识为支撑，以影响学生生活质量的热点问题——时间管理为议题，融入探究活动，把学生活动设计作为教学设计和承载学科内容的重要形式，并且贯穿于问题思考、主题学习、案例分析全过程，让学生从课内走向课外，从名人到凡人，从理论学习走向社会实践，从旧知的承接者走向新知的发现者。教师从课堂的主导者转变为探究活动的辅助者，从知识的传授者转变为实践的引导者，从问题的提出者转变为探究新知的激励者，不仅帮助学生在自主探究过程中提升思维品质、掌探时间管理的科学方法，也使学生自觉增强主人意识和责任担当，锻炼和提高解决问题的能力。

（三）运用现代信息技术，拓展教育教学空间

信息化环境为满足学生多样化、个性化的学习和发展需求创造了条件，为教学方式的改进提供了更大、更便利的空间。这就要求教师既要与时俱进，掌握必要的信息技术，更要鼓励学生适应时代特征，发挥特

长，通过运用现代信息技术，了解国内外资讯，拓宽视野，并辅助活动探究、社会实践活动高效进行。

本课一开始，学生观看视频“忙碌着……”，引发了自身每天忙而无效的思考，通过教师引言——大家都很忙碌，你会不会思考：在很多的不公平中，还有这唯一公平的资源：时间！时间是唯一对每个人都公平的资源。渗透了辩证的思想，融入了大自然公平、公正的原理。这种正向的引导，既尊重鼓励学生的个性发展需要，又坚持开放性与导向性相结合，把握高校课程的实施方向与进程，在价值观念、价值判断、价值选择上实现有效的引领，最终为学生全面而有个性的发展提供助力。

综上所述，成人高等教育课程中落实立德树人的探究设计与实施，把教与学从固有的课堂形态中解放出来，使传统课堂教学方式得到调整和优化，更好地着眼于学生的全面发展，培养学生的健全人格，致力于“让每个学生都能成为有用之才”，更加利于学生学科核心素养的培育，实现学科立德树人目标。通过高等教育课程立德树人，我们一直在路上。

参考文献

[1] 邵天逸．“立德树人”背景下学校体育的育人价值[J]．体育学刊，2017（7）.

[2] 杨楚校．信息时代的成人教育价值重廓[J]．中国成人教育，2018（17）.

[3] 无霞．文化论多元背景下高校思想政治教育实效性研究[J]．南昌教育学院学报，2013（11）.

[4] 包翠秋，冉亚辉．论中国梦融入高校思想政治教育的标准体系[J]．内蒙古师范大学学报（教育科学版），2018（10）.

计算机信息专业组基于程序设计课程的思政建设——以上海市静安区业余大学为例

◎ 方思敏

摘　要：在工科类的各个专业的各类课程中，不可避免地会有包含众多深奥理论知识的课程以及较为耗费时间、考验学生动手能力的实践课程。因此大部分情况下，专业课程教师通常都会把大部分的精力放在专业知识的传授上，往往忽视了课程资源中潜在的并且优质的课程思政资源。本文以上海市静安区业余大学计算机专业“程序设计”课程为例，对课程中潜在的思政资源进行挖掘，并且结合课程的专业知识点加以实践，尝试将课程思政充分融入工科类的专业教育教学中，以求进一步拓宽高校思政教育的开展途径。

关键词：程序设计；课程思政；潜在资源

在信息化快速发展的当前社会，以融资为主要盈利形式，以网络为首要信息载体的“快速成长”企业越来越多，这类企业在无形中影响着中国人的价值观，容易让人变得浮躁、消极，并且容易受到各类诱惑。大学作为一个社会文化的载体，势必应该站在抵制这类不良影响的前列，而各类成人高校，则是面对着极易受这类不良影响的、来自社会的学生。因此，成人高校可谓是一个在社会中存在着的文化堡垒，势必应该在各个方面加强、加大思政教学的力度，帮助学生形成良好的工作、学习态度，培养学生的法律意识，并且传播终身学习的观念，引导社会正能量。

习近平总书记在 2016 年 12 月的高校思想政治会议上传达了“要用好课堂教学这个主渠道，思想政治理论课要坚持在改进中加强，提升思想政治教育亲和力和针对性，满足学生成长发展需求和期待，其他各门课都要守好一段渠、种好责任田，使各类课程与思想政治理论课同向同行，形成协同效应”[①]的重要精神。其表明了我们要利用每一门课在思想政治教育方面的潜在资源，加强对学生的引导，提炼课程中的文化元素和正确的价值观，将其进一步转化成社会主义核心价值观。

一、课程简介

“程序设计”系列课程是基于.NET编程框架的Visual Basic编程语言，是计算机信息管理的专业必修课程。该课程主要讲述了面对对象程序设计的原理和技术，从图形化界面设计入手，让学生由浅入深，一步一步地了解程序的基本运行规则，面对对象技术带来的技术改革。在新的形势下，“程序设计”课程已经不仅仅是一门教会学生如何编程的课程，而是一个培养学生信息素养和计算机思维的平台。信息素养是培养学生去判断如何获取、筛选、评价有效资源的能力。计算机思维是运用计算机科学的基本概念对面对的问题进行方案设计、实施、解决的过程。

二、课程思政在程序设计教学中的现状及意义

目前，高校课堂教学在新时代下具有了新的使命和责任，需要进一步深入融合思政教学。一直以来在计算机专业的教学上，思政课程与计算机专业课程一直以两条线的形式进行教学，学生不容易将思政的内容融会贯通，导致对思政教学的理解表面化、形式化。现如今复杂的政治形势和社会环境对成人学生的价值观、人生观极易造成不良的影响。成人高校作为社会思政教育的第一道壁垒，需要引导学生形成正确的社会责任感以及爱国主义情怀，让教师进一步形成良好的职业素养以及工作

① 习近平在全国高校思想政治工作会议上强调：把思想政治工作贯穿教育教学全过程　开创我国高等教育事业发展新局面[N]. 人民网—人民日报，2016-12-09（1）.

态度。“程序设计”作为计算机信息管理的专业必修课，是一个培养学生信息素养以及计算机思维的优秀平台，能够培养学生正确地判断什么时候需要信息，如何获取、如何正确评价和有效地利用信息的能力，让学生学会系统性思维，运用计算机科学的基础概念对现存问题进行解决。在新的形势下，应将思政教育进一步深化、融会到专业课程的课堂教学中，坚持依托于经典文化，充分发挥课堂教育教学的引导作用，在学生学习专业知识的过程中自然而然地进行思政熏陶，更好、更有效地展开成人学生思想意识层面的教育工作。程序课程中的思政教学主要通过网络来拓宽思政教育的获取途径，见缝插针地传递正确的人生观、价值观，引导学生树立热爱国家、奉献社会的思想信念。

三、课程中的潜在思政教育资源

“程序设计”这门课作为计算机信息管理专业的必修课，从前仅仅是对学生讲解专业知识，并没有对各个细节中蕴含的思政思想进行讲解。这违背了习近平总书记强调的把思想政治工作贯穿于教学的全过程。

为了科学而有效地在专业课程中引入思政教学，首先需要认清以下几点：

（1）课程思政与思想政治理论课程的关系。理论层面，思政课程与专业课程思政既有关联又有区分，专业课程思政是对思政课程的一种延伸和拓展，基于专业课程本身的体系对思政理论的一般性原理进行深化和具体化。因此，思政课程提供了基础理论，专业课程思政离不开思政理论课程的指导和引领。但相对而言，专业课程思政有其片面性，其理论更侧重于点，以深化理解为主旨，将思政的内容深化到专业的方方面面。思政课程更注重于面，强调基础理论，体系化构建各个知识点的关联性。专业课程思政使用的教学方法往往依据不同专业、不同知识点有其特殊性。因此，专业课程思政势必没有思政课程的全面性和基础性，主要起到加深学生对思政课程某些知识点的理解的作用。

（2）专业课程知识与思政理论互动模式的构建与运行。专业课程知识与思政理论课程本身是相辅相成或是合作互补的关系，因此两者的结合应该具有实质上的意义。进一步来说，两者合作不仅仅是课程的规划和设计，或是思政教育的深化，还包括了思政教育资源的开发。思政教育资源的开发是专业课程思政的基础，也是深化思政理论的重要切入点。在课程思政资源的开发过程中，应避免专业课程教师的单打独斗，较为理想的状态应该是由专业教师提供课程中的思政资源作为切入点，思政课程教师提供基础理论以及思政内容，两者合作进一步构建利于学生吸收，并且与专业课程教学相辅相成的思政教学内容。

本学期的课程中，笔者尝试探索，总结了以下几个切入点：

① 培养学生的专业荣誉感与使命感，养成认真、严谨的学习和工作态度。

② 树立职业责任感，通过理解信息化系统的巨大影响，为其从事相关专业的工作打下正确的思想基础。

③ 培养学生的法律意识，了解与专业相关的知识产权与网络安全法，树立正确的知识产权观与网络安全意识。

④ 培养学生时刻关注时事的意识，了解思想政治对于专业发展的影响。

四、实施方案

（1）在讲解 VB 语言初步知识的时候，通过介绍.net 编程语言的发展史，告诉学生中国在程序开发方面的现状。

（2）在讲解简单的 VB 程序的时候，教师可以故意犯错少输入标点，并且让学生进行错误排查，告诉学生一个小小符号的错误都能导致整个程序无法运行，所以在进行编程的时候必须要学会认真、严谨。让学生通过这门课的学习，养成认真、严谨、细心的素质。

（3）在讲解选择结构知识点时，强调选择结构可以让程序运行两段完全不同的程序，进一步引申到联想当年的“贸技工”与“工技贸”的选择，导致了当前我国芯片产业处处受制于国外知识产权壁垒的现状，激发学生学习报国的热情。

（4）在讲解数据访问前缀时，教师通过讲解保护前缀可以限制访问变量的主体，进一步引申出财产的保护以及知识产权保护，为学生普及知识产权法，树立学生的知识产权保护意识。

（5）通常编程学习较为枯燥，并且编程容易遇到难以排查的问题，此时可以引导学生，一个软件的编写是多么不易，为什么软件需要收费，并且从软件开发困难引申到我国目前在芯片开发上遇到的困难，从软件收费类比到知识产权壁垒，让学生理解基础科研的重要性，克服懒惰的情绪，从而让学生在枯燥的学习中兢兢业业，养成良好的科学素养以及工作态度。

五、小结

在课程中加以上述探索实践，可以明显地观察到学生对于学习的态度有所转变，纵使较为枯燥的理论课程，学生也会努力地听课，并且在实践课上积极尝试。但是目前课程中使用课程思政资源的知识点较少，课程思政的潜在资源还需要进一步地挖掘和探索。

参考文献

[1] 肖伟光. 高校思政课教学的守正与创新[N]. 人民日报，2019-01-25（9）.

[2] 王小玲. 计算机专业课程思政内涵挖掘——以 C++程序设计课程为例[J]. 科学咨询（科技·管理），2020（1）.

[3] 谢丽明，王飞飞.《计算机导论》课程教学中的思政教育[J]. 电脑知识与技术，2019（4）.

[4] 李永彬. 高级语言程序设计课程教学中开展课程思政的探索[J]. 西部素质教育，2020（2）.

[5] 杨彩云，王军华. 浅议《VB 程序设计语言》课堂思政教学探索[J]. 高教学刊，2018（17）.
[6] 胡术恒，谢新水. 高校网络思政工作模式演变历程考察——基于教育环境和教育主体互动的视角[J]. 创新，2019（6）.
[7] 王栋，张新娜，唐建祥，陆萍蓝，邵铁锋. 将思政教育融入工程综合实践课程的教学方法探索[J]. 科教导刊（中旬刊），2018（4）.
[8] 崔德岩. 计算机程序设计的多应用型开发研究[J]. 电子测试，2020（4）.
[9] 刘雯. 计算机程序设计课堂教学改革的探讨[J]. 科技风，2018（1）.
[10] 王琬茹，陈香凝. 高校计算机类课程“数据结构”中开展课程思政建设的探索[J]. 科教文汇（上旬刊），2019（5）.

计算机操作系统课程中同步互斥章节教学设计——上海市成人高校课程思政的探索与实践

◎ 邵振杰

摘　要： 针对计算机操作系统课程理论性强、概念抽象等特点，在教学过程中采用抽象类比的方法，将学生的生活经验与理论知识相结合，帮助学生理解课堂知识，同时将课程思政渗透入专业课程当中，帮助学生增强爱国主义意识、道德法律意识，同时增强课堂的趣味性。

关键词： 计算机操作系统；抽象类比；教学设计；课程思政

计算机操作系统课程作为计算机专业的一门专业必修课，在整个专业结构当中扮演着重要的角色，它既是对学生之前所学习的各项基础课程的一个总结，又是后续各项专业课程的基础。所以对于计算机专业的学生而言，学好计算机操作系统这门课极为重要。

一、引言

操作系统在现代计算机中起着至关重要的作用，可以说现在我们对于计算机的使用是完全离不开操作系统的，操作系统管理着整个计算机的运转，满足用户的各种需求，极大地便利了人们对于计算机的使用。计算机专业的学生想要深入地了解计算机操作系统的原理，并非一件容易的事情。在操作系统的学习过程中涉及硬件、软件的诸多特性，而这些特性往往是比较抽象的，使学生觉得与生活中的经验有所不同，觉得这门课程晦涩难懂，于是失去了学习的兴趣。而在课程之初介绍操作系统的发展史和已经在生活中常见的操作系统时，每一位学生都表现出了极大的兴趣，因为像 Windows、Android 等名称贴近生活，他们对这些概念都有一定的理解。所以如何在不失科学严谨性的同时，尽可能地将操作系统中的概念以生活化、学生能够理解的方式来讲解，降低教学难度，提升学生的学习兴趣，是操作系统课程设计中需要思考的问题。抽象类比是解决这一问题的一个好方法。类比，简单地说就是“由此及彼”，把不同的两个对象进行比较，根据两个对象在一系列属性上的相似性，而且已知其中一个对象还具有其他的属性，由此推出另一个对象也具有相似的其他属性的结论。操作系统的概念比较抽象，教学过程中用浅显易见的事物对抽象的概念进行对比，可以帮助学生深入的理解。

二、课程设计

以计算机操作系统课程中同步互斥章节教学设计为例，同步互斥的概念在操作系统当中是比较抽象的，学生往往难以理解。如何将其与学生已知的生活经验进行类比，让学生通过自己的经验推出对于同步互斥的理解成为本次课程设计的关键。

为了引入同步的概念，课程先引入了现实生活中的同步问题，让学生将操作系统和现实生活中的问题进行类比，利用现实生活中的问题帮助理解操作系统中的同步问题，但是同时要提醒学生注意计算机与人的差异即计算机世界与现实世界的差异。

课程首先向学生提出了一个家庭采购协调问题：假设一个家庭中有甲、乙两个人，当甲回到家中查看冰箱时，发现没有面包了，于是去采购面包，回到家后把面包放进冰箱中。在甲出门之后未回家之前，乙回到家中时也查看了冰箱，发现没有面包了，于是做了和甲相同的工作（具体步骤见表 1）。这是一个生活中常见的同步问题，即可引出同步互斥的概念：操作系统中协调进程之间动作和相互关系的一种机制。而细心的学生当场就会提出，这样操作会存在面包买重了的情况。将生活案例融入课堂教学当中来，让学生通过思考自己得出结论，增强其学习兴趣和学习信心。

表 1　甲、乙采购面包

时间	甲	乙
1:00	查看冰箱，没有面包了	
1:05	离开家去商店	
1:10	到达商店	查看冰箱，没有面包了
1:15	购买面包	离开家去商店
1:20	到家，把面包放进冰箱	到达商店
1:25		购买面包
1:30		到家，把面包放进冰箱

有了同步互斥的基本概念之后，顺理成章地就可以提出信号量的概念，若是直接将课本上的标准概念介绍给学生，根据以往的授课经验，往往效果不佳。为了让学生能够直观地理解信号量的概念，在授课过程中同样采取了抽象类比的方法。让学生思考日常生活中多辆地铁是如何进入同一个站台的，思考信号量在其中扮演着怎样的角色，又是如何控制地铁安全有序运行的。经过课堂上短暂的讨论思考之后，大多数学生可以结合生活经验得到关于信号量的一个直观的感念，再结合书本以及老师的讲解，很快能够类比得到操作系统中信号量的概念。通过这样的抽象类比，学生对于专业知识的理解将更加准确、深刻。

最后在同步互斥基础理论知识讲解之后，课程一般会讨论一些经典的同步互斥问题。如“哲学家就餐问题”：5 个哲学家围绕一张圆桌而坐，桌子上放着 5 支叉子，每 2 个哲学家之间放一支，哲学家的动作包括思考和进餐，进餐时需同时拿着左右两边的叉子，思考时将 2 支叉子放回原处。如何保证哲学家们的动作有序进行？初见这个问题，学生的反应大多是一头雾水，无法理解问题，更无法将其与前面的同步互斥问题联系起来。而以往的授课，在简单介绍完问题后就会直接进入代码部分的讲解，让学生难以理解。为了更好地进行抽象类比，让学生能够直观地理解，课程中搭建了简单的模拟场景，让学生模拟参与到“哲学家就餐问题”中来。根据老师所给出的不同方案，学生进行操作实践。学生可以很快地发现问题，能够自己理解思考同步互斥问题。由此可见，协助互动的过程也是渗透开展课程思政的好时机。

三、课程思政

通过抽象类比的方法，让学生从生活中的实际案例出发，不仅有助于传授计算机专业知识，也有助于在课堂中开展课程思政，帮助学生增强爱国主义意识、道德法律意识，引导其塑造正确的人生观、价值观、世界观，让其更好地参与到整个社会工作中来。而课程思政的开展反过来也增加了枯燥的计算机理论课的趣味性，两者结合起来不仅能做到知识的传授，也能更好地做到思政教育的渗透。

以前文所述的“哲学家就餐问题”的实践展开为例。若在一个没有规则的情况下，每个人按照自己的想法处理问题，整个问题就没有办法得到有效的解决。在理解了基础理论规则之后，学生们也了解到每一位“哲学家”必须遵守既定的规则，才能够使整个系统高效地运行起来，保障整个操作系统的稳定。在整个的实践过程中，学生不仅能够直观地理解计算机的专业知识，也能够感悟到法治、诚信等社会主义核心价值观的重要性。通过抽象类比的方法，学生的理解不仅能从生活中来，最后也能回到生活中去，从而达到课程思政的渗透。

四、结语

在计算机专业课的教学过程当中，常会有抽象、难以理解的概念，对于授课教师的上课讲解和学生的学习理解都是非常的困难。若能基于抽象类比的方法，通过学生熟悉的生活事例来类比计算机中的抽象概念，能起到较好的成效，能让学生理解那些难懂、易混淆的概念和知识点。笔者在计算机操作系统的课程中尝试使用抽象类比的教学方法，取得了较好的成效，对比以往的教学，学生们对于知识点的理解明显有所加深。同时在渗透了课程思政教学后，课堂的趣味性也有所增强，学生们也更能够将注意力集中在课堂之上。笔者在今后的教学过程当中会继续探索计算机专业课的课程设计，让学生能够更好地学习计算机专业课程。

参考文献

[1] 李佳静，徐慧．操作系统课程教学中类比教学法的应用探讨[J]．教育现代化，2019，6（41）．

[2] 欧凤霞，马春，谢啸．类比法和比较法在操作系统教学中的应用探讨[J]．现代计算机（专业版），2014（28）．

[3] 刘淑慧．“互联网+课程思政”模式建构的理论研究[J]．中国高等教育，2017，15\16（1）．

[4] 姜姗．类比教学法在操作系统教学中的应用研究[J]．信息与电脑（理论版），2015（5）．

[5] 刁春娟，罗晓清．操作系统课程的多元化教学[J]．计算机教育，2015（13）．

成人英语教学中“课程思政”的实践与探索

◎ 黄一乐

摘　要： 以习近平同志为核心的党中央对高校思想政治工作高度重视，强调要坚持把立德树人作为中心环节，把思想政治工作贯穿教育教学全过程，实现全程育人、全方位育人。在成人高校酒店管理的专业英语这门课中融入思政元素，是必要而可行的。本文主要从教学目标、学情分析、教学实践和教学反思等方面展开研究。

关键词： 成人教育；思政教育；英语教学

一、教学目标

思政教育与酒店管理专业之间差距很大，如何才能在专业课程教学中融入思政教育，是任课教师要思考的问题。思政课程主要传播的是马克思主义和党的方针政策，而英语其实是中西文化思想激烈碰撞的学科，这给授课教师带来挑战——如何让学生在了解西方文化，促进国际文化交流、思想融会的同时，坚定社会主义理想信念和文化自信？既要借鉴马克思主义的理论，更要融入社会主义核心价值观，发挥好马克思主义的实践性，这一点是始终贯彻于整个课程的目标和任务。

二、学情分析

成人高校的学生有着一定的特殊性，与一般全日制高校大学生不同，他们年龄跨度大，有着不同的人生阅历和社会经历，带着不同的目的来到课堂，层次参差不齐，同时还存在着工学矛盾。有的学生有一定的相关领域的工作实践经验，对酒店管理知识的接受度高，需要学习和补充基础理论知识；有的学生想要学习工作中需要的实际技能；有的学生想来学习，但担忧迫于工作紧张不能保证出勤率；还有的学生带着不知道要学什么的迷茫来到教室。

这门课的先修课程为基础英语，而大家的英语基础参差不齐，课堂参与互动少，缺少开口的自信和动力。同时，他们工作压力大，工学矛盾严重，导致有些同学缺课较多而跟不上进度。大多数同学对思政类的课程不够重视，因此如果能将英语学习和思政元素结合起来，让学生在有主题的学习氛围中，用有趣味的学习方式汲取知识；同时，针对这些层次悬殊、思想不一的成人学生开展思想道德素质教育，培养其正确的三观，引导他们树立坚定的理想信念，会获得意想不到的效果。

教师要掌握学生的认知基础、能力水平和影响他们学习的各种因素，从而才能因材施教。基于以上学情分析，有必要重新审视和不断调整自己的教学方法，课程的设计必须要从授课对象的实际情况与需求出发。

三、教学实践

笔者在酒店管理专业的几个班级中担任“酒店英语”这门课的任课教师。班级里大多数学生从事的是餐饮行业，有的经营着接地气的街头小馆子，拥有着一定的专业背景知识，但英语基础都较为薄弱，鲜有开口的机会。在本就已经是小班化的课堂教学中，对于教师抛出的问题，经常会出现无人回答、互动效果差的尴尬局面，教学效果往往不够理想，可谓是成人高校英语教学中的“通病”和“痛处”。半学期的课程次数有限，想在短时间内改善学生羞于开口的情况，并且提升学生的思想政治素质，必须下一番工夫。

（一）拓展教材内容，融入思政元素

为了激发成人学生的学习热情，首先要抛开对传统教材的高度依赖，

转移到关注学生学习的兴趣点上，将教学内容和学生的工作内容紧密联系。教学内容就不再仅仅局限于课本知识中，而是延伸至更加广阔的工作和实际生活中，让学生视野得到丰富拓展的同时也加强了对专业英语知识的应用以及语言技巧的掌握，可以有效地提升他们的综合素质与自学能力。例如，在教材的教学之余，笔者还会从 *China Daily* 等报纸中摘取一些中华传统文化思想方面的素材供学生补充学习，在潜移默化中帮助其加深对中华传统文化的了解。

（二）线上线下活动融入思政元素

针对本课程中的烹饪方式（cooking methods）的教学部分，在线下的课堂中，我首先会简单介绍 8 种基本的烹饪方法和译法，以 stir-frying、pan-frying、quick-frying、deep-frying、braising、braise、boiling、steaming、simmering 等单词为基础，重点讲授如何运用，包括翻译成菜肴时动词的时态，需要花费一定的时间来为学生讲解与答疑。

线上的学习往往比较轻松和有趣，如：利用创建学习小组的契机，在微信群中温习学过的知识，凸显互联网在线学习的优势。结合课程内容，在这堂课后的周末，在微信群中发起一项“拍菜单”的主题活动，动员学生在外就餐时多留意菜单，用手机拍摄一些中英文对照的菜单，尤其注意其翻译方法，并发到群内和同学们分享。在短时间内，依靠集体智慧，迅速地获取了大量学习素材，学生从相互学习交流中悟出翻译的规律，让自己更容易理解课堂中所学到的翻译原则，甚至有的学生找到了餐厅翻译不妥当的地方并加以纠正。这种方式让每个学生结合生活中的经验都有话可说，能参与进来，从而培育了“大局意识”“合作精神”等。

此外，学校一直高度重视网上课堂资源的建设，经过数年的积累，“酒店英语”这门课已经形成了一套较为完备的网络学习体系，作为面授课程的补充形式，让学生互动交流平台的内容更加丰富，学习的时间更加自如可控。这既能发挥教师引导、启发教学过程的主导作用，又充分体现了学生的主体地位、参与意识和学习潜能。

（三）细节之处融入思政元素

我认为思政元素不是每一节课、每一个章节都要硬生生地融入，而是找一些契合点贯穿于课程中，可以通过细化课程思政的内容来提高职业素养。比如酒店专业的“微笑服务”，是核心价值观中“敬业，友善”的细化；酒店的行业规范、入门技巧，是培育学生自律意识和能力的重要载体。因此，学校专门搭建了一个思政教育关于自由和纪律、个性和规范教育的引导平台。当今大学生对宏大叙事缺乏兴趣，更关注身边具有鲜活生命力的人与事。要将他们从手机、网络的世界里拉回来，思政课从内容到形式都必须针对年轻一代的特质因材施教。酒店管理中一些负面案例的展示和探讨，给“文明观”“荣辱观”等思政元素的融入搭建了平台。

四、教学反思

教学质量是成人高校的生命线，同时也是教师个人职业发展中必不可少的衡量标准。作为初出茅庐的青年教师，我们更需要在授课之余，停下脚步，回顾教学过程，关注教学质量，反思教学效果，及时做出调整和改进。

多元化的教学设计为成人高校的学生提供了一种全新的学习模式，尤其是对因工学矛盾而出勤率较低的学生帮助更大，他们的学习时间来之不易，所以需要在有限的时间里充分利用碎片化的时间打基础、补短板。在课程教学过程中，根据每个模块不同的教学目标、教学内容或教学情景，充分利用在线教学和课堂教学的优势来提高学习效果。半学期的线下课程结束，但线上的教学不会受时间和空间局限，学生习得的学习方法和养成的学习习惯将会在今后得以延续。

英语是一种语言教学，更是一种文化教学。因此，在这一过程中既要注重对学生语言能力的培养，也要增进其对异国文化的理解，在日常教学中融入思政元素，可以发挥英语学科教学的育人价值，引导学生正确看待外来文化，并且树立文化自信。在成人英语教学中尝试融入思政元素，开展分级教学，因材施教，培养学生英语运用能力和自主学习能力，利用现代技术实现课程资源共享，使教学质量和师生的获得感同时得到提升。笔者发现，学生的参与度和语言能力得到了提升，思政元素的渗透将更细化、全面，这种“润物细无声”的方式更容易被学生接受。

课程思政是教学改革的方向，在成人高校英语教学改革中应化为具体的行动，为我国社会主义建设培养好建设者和接班人。而成人学生所面临的内部条件和外部环境是不断变化的，要及时进行阶段性的学情分析，以便更好地设计课程思政渗透的方式。今后，在笔者任教的其他专业和其他班级里，也会将思政元素融入专业知识中，运用这样的教学方式，也正是向着教书且育人这一教育理想目标不断迈进！

参考文献

[1] 杜刚跃，孙瑞娟. 高校英语教学“课程思政”有效策略研究[J]. 延安大学学报（社会科学版），2019（7）.

基于“1-3-8”模式的“成本会计学”课程思政教学设计初探

◎ 陈维良

摘 要： 为贯彻落实高等教育课程思政改革精神，需要挖掘梳理各门课程中的德育元素，重读教材、重读大纲、重写教案，将思政工作贯穿教育教学全过程，充分发挥各门课程的育人功能。本文以“成本会计学”为例，从课程思政的核心理念出发，总结当前存在的不足，提出了课程思政教学设计的“1-3-8”模式，希望进一步提升课程思政的效果与效率，使课程思政教学设计的核心更明确，辐射更清晰，覆盖更全面。

关键词： 课程思政；会计专业；教学设计；“1-3-8”模式

习近平总书记在全国高校思想政治工作会议上明确提出：“要用好课堂教学这个主渠道，……其他各门课都要守好一段渠、种好责任田，使各类课程与思想政治理论课同向同行，形成协同效应。”[①]习近平总书记的这一段话为高等教育非思政类课程立德树人的目标指明了前进的方向，会计学专业作为商科专业中的排头兵，也正在积极推进课程思政改革。

一、会计专业实施课程思政的价值与挑战

（一）会计专业实施课程思政的价值

会计专业是当前各高校商科中较热门的专业，除了就业前景广阔之

① 习近平在全国高校思想政治工作会议上强调：把思想政治工作贯穿教育教学全过程 开创我国高等教育事业发展新局面[N]. 人民网—人民日报，2016-12-09（1）.

外，也成为家族企业接班人、自主创业者夯实基础、熟悉市场经济发展规律的主阵地。其中的主干课程几乎涉及企业财务活动的方方面面，如财务会计、管理会计、财务管理、成本会计、税务会计、法务会计等。这样一个天天需要和金钱、利益打交道的专业，更需要教师在课程思政方面下功夫，通过价值引领与知识传授相结合的教学模式，通过形式多样的思想政治教育，帮助学生树立起良好的会计职业道德，形成正确的会计价值观、法制观，在工作岗位上成为一名业务技能精湛、诚实守信、懂法守法、德智体美劳全面发展的新时代会计人才。

（二）会计专业实施课程思政遇到的挑战

通过对近几年会计专业课程思政改革实践的观察，存在以下三个比较突出的问题：

（1）课程思政的深度不足。具体表现在两个方面：一方面是会计专业教师思政意识不足，仍旧把课程思政和思政课程区别对待，认为思政教育是思政课的任务，没有化被动为主动；另一方面是会计专业教师思想政治理论知识储备不足，自身德育能力和德育水平有待提升。

（2）课程思政的准度不足。会计专业课程思政实施过程中最大的问题是切入点不够精准，教师在实施德育教学过程中对不同课程各自的核心思政元素把握不到位，使多门课程思政元素过于雷同，内容过于泛化，没有种好自己的责任田。

（3）课程思政的广度不足。会计专业教师因其思想政治理论不足，对于思政元素的考虑往往仅凭借自身的经验总结，考虑得不够全面，还缺少一双善于发现思政元素的眼睛。

二、会计专业落实课程思政的基本思路

当前会计专业在落实课程思政的过程中，应当注意三个结合，即理论与实践相结合、显性与隐性相结合、个性与共性相结合。要将课程思

政改革看成是教育理念的又一次升华，看成是一种丰富课堂教学改革内涵的独特教学方法。具体来说：首先，理论与实践相结合，不单指会计技能与企业财务操作的结合，更重要的是要把会计学专业中的思政元素同会计实务案例，特别是国家审计案例相结合，达到“以案说理”“知行合一”的效果。其次，显性与隐性相结合，指的是会计专业的课程思政不但要利用好课堂这个有组织、有计划地向受教育者明确表示教育目标的主阵地，同时要巧妙利用情境教学，创设生动活泼的教学活动，培养会计专业学生诚实守信、实事求是的职业素养，让学生在潜移默化中认同、接纳会计思政元素，做到多种思政教育形式齐发力。最后，个性与共性相结合，指的是会计专业课程思政的教学设计中，不仅要体现当前社会的主流价值取向，同时也要尊重学生的个性，正确引导学生的思想，在社会主义核心价值观体系的框架下，真正做到求同存异、百花齐放。

当前的会计专业教师要从纷繁复杂的思想政治理论中把握适合当下教学需求的思政元素，还存在一定的难度。出于实用性的考虑，本人认为，可以将 24 字社会主义核心价值观作为基本线索，充分梳理挖掘会计专业各门课程与之对应的德育元素，并依据各门课程价值引领的重要性，划分出多层次、多结构的德育模式，使教师在会计专业课程思政教学设计的不同环节中，能够找对切入点，丰富德育元素和德育形式，力求提升会计专业课程思政的深度、精度和广度。

三、“成本会计学”课程思政教学设计的“1-3-8”模式

（一）“1-3-8”模式的基本内涵

为了将社会主义核心价值观与“知识传授、价值引领”的课程思政目标相结合，方便会计专业教师在实际教学设计中提高可操作性，本文提出了课程思政教学设计的“1-3-8 模式”。该模式将 12 个社会主义核心价值观关键词（以下简称“关键词”）与课程价值引领的重要性进行了有机结合，将课程思政教学设计划分为 3 个层次，即核心层、紧密层、拓

展层。每个层次包含不同数量的关键词，核心层包含 1 个，紧密层包含 3 个，拓展层则包含剩余的 8 个关键词。由此在教学设计中帮助教师迅速把握某一门课程思想政治教育的核心落脚点，具体而言：

（1）核心层包含 1 个关键词，体现了某一门会计学课程最重要的价值引领要素，是本课程德育工作的灵魂与核心落脚点。例如成本会计学，可以选择“诚信”作为核心层关键词，体现出实事求是、数据真实的价值引领。又如审计学，可以选择“法治”作为核心层关键词，体现审计学依法审计、依准则审计的价值引领。

（2）紧密层包含 3 个关键词，体现了与该课程核心价值引领方向最为密切、到达路径最短的其他 3 个关键词。例如成本会计学，可以选择“公正、敬业、法治”作为紧密层关键词。又如审计学，可以选择“诚信、公正、敬业”作为紧密层关键词。

（3）拓展层包含剩余的 8 个关键词。拓展层的作用是为了让教师在课程思政教学设计中有的放矢，做到突出核心思政元素，但不忽视共性元素，做到显性、隐性元素有机结合，对学生综合素养进行全方位的渗透教育。例如成本会计学中，可以将“富强、文明、民主、和谐、自由、平等、爱国、友善”作为拓展层关键词。

（二）“成本会计学”课程思政的“1-3-8”模式

1. 成本会计学思政元素梳理

课程思政教学设计中最重要的就是识别出本课程可能蕴含的思政元素，并对这些元素进行分类整理。表 1 中是社会主义核心价值观与成本会计学价值引领对应的思政元素。

表 1　成本会计学思政元素梳理表

社会主义核心价值观	成本会计学思政元素
富强	现代化、繁荣昌盛、生产力、股东财富、实业兴国
民主	· 人民当家做主、民主集中制、组织架构、信仰自由

续表

社会主义核心价值观	成本会计学思政元素
文明	物质文明、精神文明、社会文明、人本主义、公序良俗、传统文化
和谐	真善美、和而不同、宽以待人、严于律己
自由	全面发展、决策自由、行动自由、言论自由
平等	权利平等、机会平等、法律平等
公正	公平正义、利益一致、社会公正、坚持原则
法治	廉洁自律、责任担当、依法治国
爱国	报效祖国、民族精神、文化自信、大局意识
敬业	职业道德、工匠精神、细致入微、热爱岗位
诚信	诚实守信、实事求是、数据真实、社会公德
友善	包容、协作、团结、尊重、和气

2. 成本会计学“1-3-8 模式”的搭建

“1-3-8 模式”的核心难点在于结合专业课程的育人需求，详细考察其教学目标、教学内容及课程特点，确定适合该课程的思政模式。

成本会计学就知识传授层面而言，主要是通过学习成本核算的基本原理与方法，对企业生产经营过程中发生的各项费用进行归集、分配，并采用适当的方法计算出完工产品和在产品的成本。通过成本核算所提供的信息编制成本会计报表，进行成本分析与考核，帮助企业降成本、提效益。

而从价值引领的角度看，成本会计学要求培养学生诚实守信、实事求是、精益求精、细致入微的会计职业道德素养，培育学生公平、公正的法治观念，帮助学生提升社会责任感和使命感，树立正确的财富观和会计价值观。

具体而言，成本会计的首要职能是对企业的财务数据进行客观核算和反映，因此“诚信”是成本会计的立足之本，是成本会计学价值引领最为核心的关键词，特别在市场经济不断发展的今天，更是要求成本会计人员必须准确、完整、真实地核算和反映与企业成本相关的财务状况。

与“诚信”联系最为紧密的是成本会计人员对工作认真负责、一丝不苟的敬业精神，面对异常数据、领导违规修改数据时要有客观、公正的正义观念，以及严格按照会计准则进行账务处理的法治精神。因此，可以将“公正、敬业、法治”作为紧密层的关键词，通过紧密层思政元素的渗透教育，可以循序渐进地向学生灌输会计诚信观念，激励学生在未来工作中谨记会计诚信道德，约束自我行为，忠于自身所从事的会计事业。

最后剩余的 8 个社会主义核心价值观关键词，在教学设计中，有助于教师达成“三全育人”的教学理念，塑造德智体美劳全面发展的会计事业接班人，使学生通过“成本会计学”课程，既学到了专业知识，也锤炼了自身品德。

通过上述分析，将思政元素与本课程教学要素相结合后，可以初步搭建出适合“成本会计学”课程思政的“1-3-8 模式”。具体如图 1 所示。

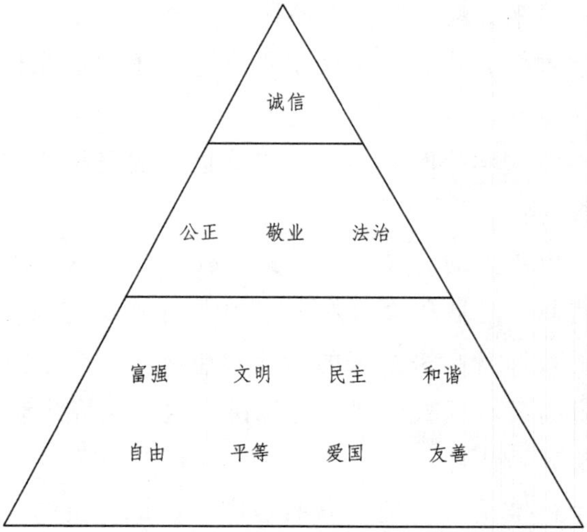

图 1 “成本会计学”课程思政 1-3-8 模式

四、“成本会计学”课程思政教案设计示例

下文以“成本会计学”第三章第一节“费用分配公式”为例，进行

课程思政教学设计。

1. 教学内容——费用分配公式

费用分配率=待分配费用总额/分配标准总额

某分配对象应分配金额=该对象分配标准额×费用分配率

2. 教学过程设计

课堂互动游戏：小张和小红两人相约吃饭，两人共吃掉了 6 个南瓜饼，消费总金额 30 元。问：小张和小红应该分别给多少钱？

学生：互相讨论，参与热情高。

教师：归纳学生答案：① 小张 30 元，小红 0 元（小张请客）。② 小张 15 元，小红 15 元（按人头平摊）。③ 小张 20 元，小红 10 元（小张吃了 4 个，小红吃了 2 个）。

教师：（提出异想天开的想法）能否按照小张和小红的身高来分配？能否按照头发长短来分配？能否按照体重来分配？

学生：哄堂大笑，普遍摇头表示很吃惊，感觉这几种分配方法不是很恰当。

教师：能不能这样分配？能！如果你以后的老板要求你这么分配，你会不会听老板的？

学生：表示出更大的诧异，有点头，有摇头，不能确定。

教师：虽然能，但是和“个数”“人头”相比，身高这种分配标准合理吗？如果真的按照身高来结账的话，我想姚明不会愿意出来和朋友吃饭了吧？因为身高没有反映出“吃南瓜饼”这个经济活动的本质。

学生：点头表示认可。

教师：一个标准是否合理，靠的是成本会计人员的职业判断，靠的是我们的良心。分配标准一换，完工产品的成本可能会变高，也有可能会变低，企业的利润也会随之发生变化。如果我们做了，我们对不起谁？对不起自己的良心，更对不起投资我们的那些人。以后大家自己再要去创业，就更加难了，因为人和人之间的信任已经没有了。所以牢记会计的首要责任：实事求是地记录，该是什么，就是什么。

3. 教学设计反思

互动游戏中，教师故意不提及分配标准，采用简单的生活数据，引导学生对该问题展开分组讨论，通过简单的、生活化的、非专业性的互动游戏，让学生参与课堂讨论，变被动为主动，卸下心理防御。同时，通过生活常识的迁移，让学生自己来找答案，自己修正答案，自己总结经验，获得学生心理上的认同感。在此基础上，教师在讲解中穿插思政元素，引导学生展开对诚信、公平正义、职业道德素养的思考，让课程思政明暗两条线真正触动学生的灵魂。

五、完善会计学课程思政教学设计的建议

会计学课程思政改革是一项意义深远、细水长流的工作，“1-3-8”模式能够帮助会计专业教师充分挖掘课程思政元素，选准、选对不同课程的思政切入点，进一步提升会计专业课程思政教学设计的效果和效率，使课程思政教育的核心更明确，辐射更清晰，覆盖更全面。在具体实施过程中，需要注意以下几点：

（1）大力提升会计学专业教师思想政治水平。会计学专业教师不但要有扎实的专业理论知识，还应当具备一定的思想政治教育能力，要充分利用课堂教学在潜移默化中将社会主义核心价值观传递给学生。

（2）进一步深度融合课程思政与思政课程。思政课程是思政教育的主战场，但在现如今“全员、全程、全方面”的三全育人理念下，会计专业课程应当承担起更多的思政教育责任，走“农村包围城市”的路线，通过“1-3-8”模式寻找到会计专业各门课程间价值引领的不同侧重点，对学生进行全方位的素质教育。

（3）进一步丰富、拓展课程思政平台。会计学是一个实务操作性很强的专业，会计专业学生接触企业实际财务工作的机会相较其他专业更多，容易受到社会不良风气的影响。因此，会计专业课程思政的阵地不能局限于课堂之上，而应当将思政教育贯穿教学全过程，利用班级群有针对性地分享反腐倡廉、审计纠察案例，在课后利用小组讨论、课程小

论文等不同的形式进一步强化社会主义核心价值观。

参考文献

[1] 习近平在全国高校思想政治工作会议上强调：把思想政治工作贯穿教育教学全过程　开创我国高等教育事业发展新局面[EB/OL]. 人民网—人民日报，2016-12-09（1）.

[2] 谭春兰，杨德利. 会计报表编制课程思政教学实践探讨[J]. 中国乡镇企业会计，2018（12）.

[3] 高德毅，宗爱东. 从思政课程到课程思政：从战略高度构建高校思想政治教育课程体系[J]. 中国高等教育，2017（1）.

[4] 张南南. 应用型本科院校会计专业课教学改革探讨——以课程思政为视角[J]. 财会学习，2019（23）.

大数据时代下统计课程教学中道德素养培养策略分析

◎ 洪春辉

摘　要：统计课程教学的目的不仅要使学生掌握收集、整理、分析、解释数据的知识、能力和方法，更应包括收集数据的真实可信的务实态度、处理数据的精益求精的工匠精神、分析数据的唯物辩证的科学思维、解释数据的理性实证的谨慎探索。尤其是在大数据时代下，“不出假数”的基本道德素养是作为课程教学中贯穿始终的培养策略。本文将在“课程思政”的理念下，紧紧围绕统计学的各个环节（统计调查、统计整理、统计分析、统计应用），将课堂教学的育人功能渗透其中，让学生在掌握统计技能的同时，提升道德素养。

关键词：统计课程教学；职业道德；培养策略

习近平总书记在十九大报告中指出：“深入实施公民道德建设工程，推进社会公德、职业道德、家庭美德、个人品德建设，激励人们向上向善、孝老爱亲，忠于祖国、忠于人民。”①职业道德是公民道德建设工程的重要组成部分，是具有群体性特征的职业规范的总和。统计是以数据收集、数据整理、数据分析等手段对社会经济现象进行反映，是反映社会经济运行状况的一项科学实践活动。而统计专业人员作为统计工作的主体，其道德水平直接影响统计工作质量的高低。在中国特色社会主义进入新时代以后，尤其在大数据时代下，加强统计专业学生道德素养的

① 习近平在中国共产党第十九次全国代表大会上的报告[N]. 人民网—人民日报，2017-10-28.

培养非常重要。

一、大数据时代下统计课程教学新要求

大数据时代已经随着互联网及信息技术的发展汹涌而至，在技术革新下，大数据遍布于物理、生物、生态、军事、金融、通信、教育等诸多领域，已经成为未来社会势不可挡的发展趋势，应用大数据是时代潮流。

（一）社会环境变化对统计教学目标有更高的要求

大数据促使互联网世界中的所有信息数量大大增加，不管是承载能力还是实时性都有着更高的需求。对数据信息的收集、统计、处理和应用将成为大数据及云计算发展的主要方向。面对大数据库数据来源复杂、数据质量参差不齐等问题，应当尽力提升学生去伪存真、消除混乱的能力，保障统计数据的真实性与准确性。

（二）外部监督强化对统计教学质量有更高要求

在大数据时代下，大众对数据统计的关注度也越来越高。社会大众及各类经济体均希望通过权威的数据统计信息来了解当前的经济形势，以期为自身的消费活动及经营活动提供参考。大数据时代下，统计工作也不断趋于透明化，统计结果及统计信息也面临越来越多的评价及检验。此外，随着政府信息公开工作的不断推进，统计的透明度及开放度也在不断提高，外部对统计结果的准确性、统计的时效性有更高的要求。

（三）价值取向多元对统计人员素养有更高要求

大数据时代下，海量信息的质量参差不齐，一方面可以让人类获得大量的信息；但从另一方面而言，海量的信息里有很多无用信息、有害信息、虚假信息等。此外，大数据的功能之一是对自身的分析进行预测，

同时做出趋向性引导。但是大数据本身就是一门技术，其可被有意图地利用。因此，全面、准确、及时的数据统计对保障社会的可持续发展具有十分重要的意义，在教学中对学生道德素养、守法意识、规则意识也提出了更高的要求。

二、统计课程教学中道德素养的教学目标

道德素养培养的主要任务是培育核心价值观，以达到凝神聚气的效果。对于统计课程来讲，应培养具有“忠诚统计、乐于奉献；实事求是、不出假数；依法统计、严守秘密；公开透明、服务社会”的新时期统计职业道德规范的学生，结合教学内容，要达成以下四个方面目标：

（一）统计调查：培养真实可信、忠诚统计品格

统计调查资料的准确性绝不只是一个技术性问题，还涉及坚持统计制度和纪律、坚持实事求是、如实反映情况的原则问题。统计立法的核心要义就是保障统计资料的准确性、客观性和准确性。因此，忠诚统计是对统计人员恪尽职守的最基本要求。在教学目标中，要让学生深刻理解统计工作的重要意义，树立崇高的荣誉感、责任感和使命感，忠实于每一项数据，不杜撰、不篡改、不弄虚作假，如实反映情况，把维护统计资料的真实性作为自己光荣的职责。

（二）统计整理：培养精益求精、严守秘密品格

资料整理是否正确，直接决定着整个统计研究任务是否能顺利完成。对调查、搜集到的原始资料进行分组、汇总，使其条理化、系统化是统计课程学习的基础性能力。不恰当的加工整理、不完善的整理、不负责任的整理，往往使通过调查、搜集而来的丰富而完备的资料失去价值，蒙蔽真相，得不到正确的结论。在教学目标中，要培养学生精益求精的精神，认真对待每一项数据。此外，有些统计信息属于国家、企业或个

人隐私秘密，在统计过程中应有强烈的保密意识。

（三）统计分析：培养客观科学、实事求是品格

通过客观科学的数据分析，从而发现现象之间相互依存的关系，分析现象变动的影响因素和作用强度，对于加强经济的科学管理、发挥统计工作职能都有现实意义。在教学目标中，要把实事求是作为相关分析中最重要的价值取向，离开真实，统计工作将毫无价值，分析数据将一无是处。要培养学生把实事求是作为今后的职业观念、职业态度、职业技能、职业纪律和职业作风方面的核心价值观。

（四）统计应用：培养理性严谨、服务社会品格

为社会经济活动提供优质的服务是统计工作的生命力所在，也是统计价值的体现。在教学目标中，要使学生明确统计应用的目的，主动适应形势的发展要求，始终把握统计应用的科学性和严谨性，让数据发挥应有的价值。

三、统计课程教学中道德素养培养策略

（一）以案说法，培养学生守法守信素质

“依法统计，严守秘密”是我国实施“依法治国”方略在统计领域的具体化。一方面，在教学过程中，以真实的数据和案例导入，结合实际对学生进行法治教育和诚信教育，使教与学更加贴近实际。比如有针对性地选取实际工作中存在的因虚报、瞒报、拒报或屡次迟报统计资料而被绳之以法的事例，告诫学生统计必须遵守《统计法》，这是每个统计人的职责和义务。同时作为社会的一个成员，遵纪守法也是每一个人必须履行的义务，否则必将会受到法律的惩处。另一方面，咨询和监督功能表明统计是服务于社会的，要赢得客户的支持和赞誉，统计人必须做到

严守国家、企业、个人的秘密，这关系到一个人的信用，“人而无信，不知其可也”。

（二）项目驱动，在任务实训中体会道德素养的价值

在教学中突出道德培养目标，以项目和任务为载体，以学生为主体，做学教训“四位一体”，按照学生特点安排教学以实现良性互动。课程教学改变以往以课堂讲授为主的教学模式，增加参观活动、综合实训等教学实践的比重。学生通过完成一个比一个复杂的任务，从而获得直观的工作体验，积累专业经验，加强相应的职业道德素养。项目以真实生活为内容，可以体现学生和教师对生活世界的关注，同时相对于理论教学来说，对学生的教育更直接、更有效。由于统计是一门实用性较强的学科，要结合统计课的教学内容，安排学生进行相关的统计调查，如：学生消费情况调查，学生学习态度调查，手机礼仪调查，公交车让座调查，学生微信使用情况调查等，并写出调查报告，在完成统计实践教学的同时，将实践中得来的实际经历和经验与已然形成的道德经验进行碰撞和摩擦，使学生的道德素养在现实中锤炼锻造，以达到德育理性的回归。

（三）翻转课堂，学生主动思考和把握

转变教师角色，让教师从主要是授课者转变为学生学习的咨询者、引导者、组织者，重点支持学生自主学习、组织学生相互讨论、提供在线辅导答疑等，使“以教为主”变成“以学为主”。教学中，翻转课堂教学设计主要分三个阶段：第一阶段是课前的“道德理念传递”，主要形式是教师提供视频和在线辅导，学生进行自主学习；第二阶段是课内的“道德理解提升”，主要以问题为导向，通过答疑和互动讨论，达到学习的目的和要求；第三阶段是课后的“道德素养提升反馈”，学生提交学习成果，教师评价学生成效，反馈不足。

目前，统计中的道德教育仍停留在传统阶段，更多专注于能力培养，缺乏道德教育培养。面对这种状况，教师需要积极调整道德教育实践策

略，重视道德教育意识的培养，强调道德教育知识的学习，加强道德教育的生活化。在新时代，道德教育尤其要基于学情和专业特性，设计符合实际要求的方式和途径。只有这样，才能完成“立德树人”的根本任务。

参考文献

[1] 卢霞．试析强化统计职业道德建设提升会计统计数据质量[J]．长江丛刊，2019（3）.

[2] 王思彤．强化新时代统计职业道德建设的若干思考[J]．中国统计，2018（1）.

[3] 李九如．《电影界的新生活》：“道德统计”“计划电影”与“道德自律”考索[J]．电影评介，2018（19）.

[4] 陈平雁．统计实操道德规范[J]．中国卫生统计，2017，34（5）.

[5] 李瑞军．提高统计人员道德素质 保障统计信息真实有效[J]．统计与管理，2017（9）.

关于成人高校管理会计课程思政现状的研究

◎ 杨俊捷

摘　要： 本文阐述了现今学生对于课程思政的看法，凸显了课程思政的重要性和紧迫性，也引发了笔者对此的思考。而后按照笔者的理解和认识，将文章按意义、作用、问题和建议四部分逐步展开。

关键词： 课程思政；管理会计；职业道德

一、引言

在 2018 年的一次课下闲谈中，笔者偶然间与学生论及了课程思政，便乘机询问大家意见："大家认为课程思政的作用如何？与管理会计课程又能产生怎样的联系？"但没想到绝大多数学生都认为专业课程非常重要，课时也很紧张，所以不应该浪费多余的时间在课程思政上。这不禁引发了笔者的思考：课程思政的意义何在？对于专业课程的作用是什么？目前存在哪些问题？又该如何去解决问题？

二、课程思政于管理会计的意义

（一）从学生的角度出发

作为热门专业，会计学专业在各个高校都拥有较多的学生。按照预期，会计专业的学生在毕业之后不管是进入企业还是行政事业单位，一般来说都会从事财务岗，进而掌握整个单位的经济命脉，承担着非常重要的角色。因此，高校作为为社会提供人才的主要平台，在对会计专业学生进行培训时，尤其需要注重对其思想道德方面的教育。一个人只有品行端正，在参加工作之后才能抵挡住金钱和权力的诱惑。而从学生时代开始抓起，建立廉洁高效的工作习惯，才能最大限度地确保其拥有端正的品行。

（二）从教师的角度出发

“专兼职结合”是现在比较流行的一种高校授课制度，具体表现为：在高校的会计专业上课的老师中，除了专职的校内老师，还增加了很多有着丰富实务经验的兼职老师。这是由于会计专业在学习过程中，会涉及一些有关实务的问题。比如在企业工作中，如何处理合理避税这种比较难掌握的问题，就需要兼职老师结合自身经验进行解答。针对这类问题，立场一定要坚定，这就需要老师不仅要从技术上进行指导，还要从思想上进行引领，教导学生建立正确的职业道德观念。

（三）从课程的角度出发

会计专业包含很多基础课程，如财报分析、税法、基础会计、审计等。在进行这些课程的培训时，专业知识的讲授自然必不可少，但是也需要在讲授专业基础知识过程中培养学生正确的职业观念。因为对于会计专业学生而言，无论今后走上企业的管理岗位还是在事务所从事审计工作，又或者只是单位的一个小会计，都需要其强有力的正确价值观作为支撑。而这些思想的养成，单单依靠我们大学时所学的几门思想政治教育课程，是远远不够的。所以我们必须在各个课程都不断强调、努力灌输，以此减少将来犯错的可能性。

三、现今管理会计课程实施思政存在的问题

（一）专业师资能力有待提高

从学科发展的成熟度来看，管理会计和财务会计相比，差距非常之

大，故而高校在开设管理会计的课程时通常会缺乏教学经验丰富的专业师资。许多教师都是之前教授财经、管理类的相关课程，后来才转来教授管理会计课程。因而他们不一定有管理会计的工作经历和应对具体业务的能力，不一定能很好地把握教学内容，就连熟练使用相关管理会计教学工具可能也有一定的困难。这些问题都会对课程思政的教学效果有所影响，试问一个教师连专业知识都掌握得不够熟练，又如何在教学的过程中穿插思政的内容，将两者无缝衔接，让学生能够很好地吸收呢？

（二）国内的教材缺乏相关思政内容

国内的管理会计课程的相关教材的课程大纲更新较为滞后，没有专门的章节讲授管理会计的职业道德。换言之，这样的大纲和我们的社会经济发展、道德价值取向是不匹配的。而大多高校安排的教学内容只围绕教材，仅讲解变动成本法、本量利分析、决策、全面预算、责任会计等专业技术面的知识，没有涵盖职业素养、伦理道德等基本面的内容，很难达到为国家培养全面发展的管理会计专业人才的目的。

（三）课程教学方式比较传统，不够灵活

在平时的课程教学活动中，教师讲授是最主要的教学形式，课堂形式传统、呆板没有创新，师生或者学生之间很难碰撞出思想的火花，这不利于学生思考能力和创新精神的培养，更直接影响教学效果。教学效果既然不彰显，学生的注意力也很难集中，课程思政的内容就更加难以灌输给学生了。虽然部分高校已经着手进行相关改革，向国内外名校学习，引入了案例教学法、任务驱动法等新型的教学方法，但这些教学方法往往局限于专业知识的学习，不会延伸至课程思政的层面。

（四）学生思想政治意识不强

社会经济的快速发展，既给个人发展带来机遇，也滋生出一些不良

的价值观、人生观、世界观，对学生的思想产生了一定的冲击。为了使学生在大学期间养成正确的金钱观，仅靠寥寥几节思政课是远远不够的。会计这种需要天天和钱打交道的专业，学生们更应该具备认真严谨、诚实守信等优秀的职业道德。因为国家和社会对会计专业的学生要求很高，他们不仅应该牢固掌握本专业的基础理论知识和应用实践技能，更应该了解并严格遵守相关的法律法规，以便正确地实现个人价值。

四、管理会计实施课程思政的预期效果

（一）精准判断道德困境

大部分情境下，会计从业人员不会质疑和反对企业所做的不符合基本道德要求的行为。不过，这并不是因为他们没有职业道德，而是根本没有意识到这一问题的严重性。因此，在大学期间就应有意识地培养会计专业学生对道德困境的精准识别能力和对伦理道德的敏感性与自觉性，这一举措是极其重要的。高校注重学生对道德行为的判断识别能力的培养，有利于实现企业的自我反省，从源头上减少企业面临的道德问题。

（二）掌握职业道德的基本行为

学生在能够精准判断道德困境之后，也应了解和熟悉会计职业道德的行为准则，用原则来规范和反省自身的职业行为。在教学时应多使用案例教学法，其中的案例表现的是在公序良俗标准下如何做出符合大众期待的选择，而不是让学生们只着眼于经济往来所需要付出的成本费用。现今社会，在各方压力之下，会计从业者有时会迫不得已做出一些违反道德甚至违背法律的行为。而高校对学生进行反复的道德案例决策训练有利于学生职业道德的提升，也有助于学生养成坚守职业道德的习惯，使其在今后进入职场面对道德和利益的抉择时，能够坚守原则、权衡利弊，做出更为正确合理的选择。

（三）明晰道德行为的后果

在学校的教学过程中，教师会帮助学生充分地认识从业后可能面对的道德困境的形成原因。道德困境的本质源于利益和道德的不一致。职场中的矛盾多种多样，其中有来自企业经济利益和职业道德的矛盾，也有来自个人发展机遇和职业道德的矛盾。学生应清楚了解道德行为所导致的直接或间接的不利影响。比如影响企业的收益、受到同行针对和排挤、个人职业前途或收入受到影响等。同时，学生也需清楚，如果自己处于道德困境却不采取任何行动也有一定的风险，尤其是对于那些准备常年从事会计工作的同学来说，职业道德如果有污点的话，会对其整个职业生涯都带来不可磨灭的影响。

五、管理会计实施课程思政的具体做法

（一）着力提高专业教师的思政教育水平

会计专业教师不仅要教授学生基本理论知识和各项专业技能，更要引导学生树立正确的世界观和价值观，帮助学生塑造纯粹、通透的灵魂。专业教师要充分发挥自己能近距离接触学生的优势，大力推进高校思政教育工作的顺利开展。要充分利用好课堂这一平台，倡导和弘扬社会主义核心价值观，实现教书育人的目的。在课下，要把握好教学、思政和科研三者之间的平衡，合理分配时间，多方兼顾，深入学习贯彻习近平新时代中国特色社会主义思想，切实领会习近平总书记“协同育人”的讲话精神。同时，专业教师也要注重自身德育水平的提高，认真学习和了解相关的法律法规，严于律己，以身作则，用自身行动感召学生。

（二）参考国外教材，加入职业道德方面的内容

目前国内的管理会计教材很少会安排一个甚至多个章节的篇幅讲述职业道德，而国际上较为通用的专业教材，大多会以美国管理会计师协

会的《职业道德守则公告》为参考。而关于职业道德的要求，世界各国都大同小异，所以我国的管理会计教材可以学习国外样本，加入适当比例的职业道德内容作为课程思政教学的依据。比如强调美国管理会计师协会的 CMA 教材中提到的会计从业人员应当遵守的四项道德标准：能力、保密、正直、诚信。当然，作为中国的管理会计教师或是学者，要做的不仅仅是将国外教材引入、改写，更应该将其中国化、本土化、生活化，通过生动的语言、翔实的讲解让学生真正明白作为管理会计师需要具备的职业道德。

（三）提供多样化的思政课程平台

在开展思政教育工作时，高校应尽可能多地提供多样化的思政课程学习平台供学生选择，便于学生自主选择更适合自己的学习方式，实现道德素养和职业素养的双重提升。高校在响应“思政教育同向同行”的号召时，可以先采取试点方法，以点带面，不断总结试点经验，以达到预期的最佳教学效果。这种做法对学生和高校自身都有益处，多样化的学习平台可以拓宽学生的学习范围。学校可以和社会联合为学生提供学习平台，如在线精品课程、互联网微课等，将专业思政教育穿插其中。学生也可以通过在“学习强国”之类的应用软件上进行专题学习，这有利于提高学生的学习兴趣。国内高校还可以借鉴国际上先进的思政教育模式，积极建设结构清晰、分工合理的思政教育体系。

（四）坚定学生政治文化立场

教师在教学过程中应以学生为主体，让学生积极参与课程的学习，让学生明白职业道德素养对会计这个职业的重要意识。教师可以自行设计模拟情境让学生参与其中，在模拟商业实践中培养学生的政治文化意识，也可以通过真实案例分析启发学生进行自主思考和选择判断，特别是会计行业中一些典型的违法违规案例，通过对这些典型案例的学习和分析，可以进一步引导学生自主剖析违法违规人员的心理并分析原因，在学习的同时也能起到一定的警示作用。让学生意识到财会行业违法必究，从事这一行业必须谨慎守法，切不可心存侥幸、铤而走险。另外，学校也可以聘请一些财会行业的成功人士来学校举办相关讲座和交流会，在向学生分享实际的会计实务经验的同时着重强调职业道德。

参考文献

[1] 王东清，刘静静．高校会计专业课程与思政教育同向同行教学改革的理论与实践探讨[J]．经济师，2019（3）.

[2] 彭宏超．IMA 管理会计能力框架：内容分析及评价[J]．中国注册会计师，2017（2）.

[3] 邱开金．从思政课程到课程思政，路该怎样走[N]．中国教育报，2017（1）.

成人高校英语专业精读课程思政教学设计与实践——以上海市静安区业余大学2019级商务英语专业“精读预备级”课程为例

◎ 刘倩芸

摘　要：如何将思想政治教育与成人高校英语课堂有机结合是当前形势下英语课程面临的一个新问题。本文阐述了课程思政的背景和内涵，分析了在英语课堂实施“课堂思政”的目的与意义，以及在成人高校英语课程中实践“课程思政”所面临的挑战。笔者以上海市静安区业余大学2019级商英专业学生为实践对象，进行课程思政的教学设计和实践。笔者在实践中不仅在“第一课堂”面授课中挖掘教材内容，寻找思政教育切入点，同时也利用“第二课堂”——微信公众号进行每周国内外热点英语新闻推送，拓宽学生的国际视野。最后对本次实践进行了总结和反思，并提出建议。

关键词：成人高校；英语精读课；课程思政；第一课堂；第二课堂；微课

一、课程思政的背景和内涵

2004 年以来，中央先后出台关于进一步加强和改进未成年人思想道德建设和大学生思想政治教育工作的文件，上海也由此开启了学校思想政治教育（德育）课程改革的探索之路。2016 年 12 月，习近平总书记在全国高校思想政治工作会议上强调，“要用好课堂教学这个主渠道，……

使各类课程与思想政治理论课同向同行，形成协同效应”。[①]

思想政治教育要遵循学生心理成长和思想发展的规律，要循序渐进、持续不断地实施教育，营造全员参与、全方位覆盖的思想政治教育课程系统，以显性思想政治教育的三门必修课（马克思主义哲学、邓小平理论、思想道德修养与法律基础）作为思想教育的纵向支撑体系，以隐性思政（其他公共课、专业课、选修课，以及校园学生活动）作为思想教育的横向拓展体系，对学生显性思政教育成果进行固化、扩展、丰富，提高整体思想政治教育的实际性，使思想政治教育对于学生更具有实用性。

当代社会发展对人才的要求不仅仅是技能水平、专业水平，最重要的是思想品德、思想意识，以及正确的人生观、价值观。由此看来，上海静安区业余大学作为成人高等教育院校，和普通高等教育院校一样，都是以课堂面授传递知识为主，网络课堂为辅，所培养的人才将直接和经济社会发展对接，因此也要求成人高校在开展教育的过程中要不断加强学生的思想政治教育。

二、英语课堂实施课程思政的目的与意义

成人高校学生的思想政治工作不仅仅要依靠传统的思政课程，而且还要求所有课程都必须承担育人任务，所有任课教师都必须承担相应的育人职责。课程思政是指所有课程必须渗透思想德育因素，具备一定思想政治教育功能与道德教学目标。所有教师都肩负着德育育人职责，注重在课堂教学中传播思想政治理论和道德价值观念，将思想政治教育融入课程教学全过程，真正有效地实现“全程育人、全方位育人、全员育人”。

笔者认为，英语专业的精读课作为思政教育的载体是非常具有可行性的。首先，“精读预备级”是该校商务英语专业课程体系中的重要组成部分，是一门非常重要的专业必修课程，不仅课时多而且学习时间跨度

① 习近平在全国高校思想政治工作会议上强调：把思想政治工作贯穿教育教学全过程　开创我国高等教育事业发展新局面[N]. 人民网—人民日报，2016-12-09（1）.

大；其次，其课本内容皆为拥有独立主题并且有深度的英语语篇，需要师生共同讨论和思考。所以笔者认为挖掘这门课程的思想政治教育功能能够在较长时间内潜移默化地引领学生形成正确的人生观、世界观和价值观，从而确保高等教育的培养目标顺利完成。这就是英语精读课堂实施课程思政的目的与意义之所在。

三、成人高校英语课堂课程思政实践中面临的挑战

（一）成人高校学生对思想政治教育认识较模糊

成人高校学生对思想政治教育的认识较模糊，其原因有两个方面：第一，作为“教”的主体——成人高校，成人高校普遍存在“重知识技能教育、轻立德育人”的问题，主要是受限于“业余”的学习形式，学制、学习时间都影响思政教育的课时安排；第二，作为“学”的主体——成人高校学生，他们多来自社会中失学或在岗人员，他们原有的学习接受能力、文化基础、个人背景都存在较大差异，再加上近些年来，思政课虽然学习要求较高，但是教学方法单一、教学考查不严格，许多学校采取了开卷考试的形式，直接导致学生在思想意识层面上对思政课不重视。另外，以笔者授课的商务英语专业学生为例，他们对于业余学习的期望就是在工作之余浸润在英语语言环境中——发音、语法和词汇，从而迅速掌握以及提高英语专业知识。再加之，成人学生相较于全日制大学生，处于更开放的教育环境，受到不良的思想、文化的冲击和影响更大，这就使部分学生学习的功利性越来越强——只为“文凭证书”，来上课只是“刷个脸”，混个出勤分，对于课程内容完全不在意。

（二）英语专业教师忽视专业课思想政治教育要素的提炼与渗透

专业课教师的思想政治教育意识和教学能力同课程思政的目标要求还存在明显的差距，部分专业教师在日常教学过程中忽视了对学生价值

判断、价值选择能力的培养。以笔者学校商务英语专业为例，因为成人教育学习环境和学生的特点，英语专业教师往往只注重英语知识和文化的传播，将教学重心转放在对学生语言技能的培养和提高上，这也导致了大多数英语教师花大量的时间和精力在加强自身的专业知识素养上，包括语言知识水平和教学能力的提高，而忽略了英语教学的思想政治教育功能，甚至有些教师认为学生思想品德教育的重任应该由思政课来承担。英语专业教师思政教育意识不强使专业课课程思政需要被提炼和被渗透的要素也一定程度受到了忽视，导致大学生思想品德教育的渠道不能充分拓展，使学生一定程度上失去了在课堂上接受理想信念教育和培养高尚道德情操的机会，同时也影响了成人高校育人工作的全方位开展。

四、“精读预备级”课程思政教学设计与实践

笔者在该校负责商务英语专业的“精读预备级”课程，本课程通过英语原著语篇培养学生英语阅读、写作技能。单纯地介绍英语及其文化的英语课堂，已不能称之为真正的英语课堂了，所以在“第一课堂”面授课的过程中，要及时跟进中国热点及其和国际的联系，鼓励学生讨论、发表观点，促进学生对文化多样性的理解，培养学生的批判性思维。同时，笔者还利用微信公众号推送每周“微课”，充实“第二课堂”，让思想政治教育渗入课外。

（一）第一课堂面授课堂过程中充分挖掘教材，找切入点

笔者认为，在课程思政体系下，英语课堂作为“隐性思政”课程存在，需要教师仔细研究教材，深入挖掘教材中的思政教育切入口，结合实际案例、英语原版电影和“批判性思考”课堂讨论方式（见表 1），激发学生参与意识；同时，要注意外语教学的文化本性，实现“知识传授和价值引领的统一”，让学生理解、坚守“社会主义核心价值观”，坚定“四个自信”。

表 1　英语教学中课程思政的切入方式

单元	课题	方式	内容	德育目标
Unit 1	How to be a successful language learner	观看视频：《中国人为什么要学习英语？》 课堂讨论	学习英语（外语）的目的和目标	让学生明白，语言的交流就是文化的交流和传播，学好英语，有助于了解世界，开阔视野，并让世界了解中国
Unit 2	Parents	观看短片 *Alike* 课堂讨论	家庭教育中，父母应该具备哪些品质	让学生学会换位思考，等父母变老后或自己为人父母，要给予父母、孩子足够的爱心和耐心
Unit 3	Children's Education	观看电影 *Front of the class* 课堂讨论	学校教育中，学生心目中的好老师应该具有哪些品质	让学生明白人生中遇到挫折不要轻易言败和放弃，同时让他们懂得做每一件小事都心存大爱，积极阳光地面对这个世界
Unit 4	The Generation Gap	观看电影 *Freaky Friday* 课堂讨论	母女之间应该如何相处？在孩子叛逆期时期，父母如何做到尊重理解	让学生学会换位思考，与父母及子女有效地沟通
Unit 5	Mobile Phones	阅读外网新闻和新华社报道的相关新闻并进行讨论	当下热点中美贸易战中"华为"事件始末	让学生明白，中国企业要想在国际舞台上拥有更多的话语权和主动权，就必须掌握核心技术，拥有自主产权的高端产品才不会任人鱼肉。人才也一样，要有扎实的本领和过硬的技术

续表

单元	课题	方式	内容	德育目标
Unit 6	Compassion	回顾社会热点“德云社弟子水滴筹”课堂讨论	人们的“善意”是否在被恶意消费？课堂就关于“社会责任感”进行讨论	深刻理解“勿以善小而不为，勿以恶小而为之”
Unit 7	Success	案例分析	介绍12位对推动世界发展做出突出贡献的伟人	让学生总结他们的特点——早期未显露头角，但确定目标后就坚定不移地去实践，最后获得了成功。所以鼓励学生不忘初心，砥砺前行

（二）每周推送“公众号”，补充课外知识，充实思政第二课堂

第二课堂是相对于第一课堂而言的。第一课堂是依据教学计划和教学大纲，在规定的时间里进行的课堂教学活动；而第二课堂是指在第一课堂之外，在学校统一管理下、在教师的指导下开展的一切让学生接触和使用英语的活动。本学期，在“课程思政”的推动下，笔者思考是否可以建设“微课”实施第二课堂的思政教育，不多占用面授课的时间。

笔者将“微课”定义为以“微信”公众号为载体，经过教师精心的信息化教学设计，以文字搭配图片、音频或者视频的形式展示的、围绕某个知识点开展的简短、完整的教学活动，使学习者通过自主学习获得最佳效果。这一想法经过学科小组讨论并获得了学科组长的同意，在教学的第五周开始制作和推送。

笔者会每周关注国际网站（CNN/BBC/China Daily），并将当下热点新闻筛选出篇幅长短、难易程度皆合适本专业学生学习的文本进行标注、讲解。成人学生因为工作业务繁忙，公众号的推送也可以让他们利用碎

片时间进行自主学习，不仅能提升他们原有的语言知识能力，同时也能帮助他们了解国内外时事，从而拓宽国际视野。

微信内容通过老师转发到班级微信群，学生在看完第一期后，主动关注。

本学期共设计了 7 期（见表 2），每期内容都附有讲解的图片、音频和视频，丰富的形式满足了学生的感官和审美需求。

表 2　微信公众号推送内容

日期	主题	内容	点击量
4 月 9 日	The Labor Day Holiday	国内热点新闻：五一延长为四天假期	27
4 月 25 日	A Fire Ripped through Paris' Notre Dame Cathedral	国际热点新闻：巴黎圣母院大火	45
4 月 29 日	The 2019 Beijing Horticultural Expo	国内热点新闻：北京世界园艺博览会	49
5 月 8 日	Meghan Gives Birth to a Baby Boy!	国际热点新闻：皇室成员再添新成员	55
5 月 23 日	China Raises Tariffs on US in Response!	国内热点新闻：中国向美国增加关税	31
5 月 30 日	Key Word：Big Data!	国内热点新闻：2019 年中国国际大数据产业博览会	26
6 月 3 日	Key Word：Trevor Noah	国际热点新闻：美国著名脱口秀主持人崔娃在节目中吐槽美国，批评其用行政手段封禁华为的行为	101

五、启示和建议

（一）英语专业教师需要提高思政教育意识和中国文化素养

2014 年 9 月，习近平总书记在与北京师范大学师生座谈时指出：“广大教师要用好课堂讲坛，用好校园阵地，用自己的行动倡导社会主义核心价值观，用自己的学识、阅历、经验点燃学生对真善美的向往，使社会主义核心价值观润物细无声地浸润学生们的心田、转化为日常行为，增强学生的价值判断能力、价值选择能力、价值塑造能力，引领学生健康成长。”[①]因此，英语教师首先要意识到自己所承担的思想政治教育任务，有意识地在课堂上引导学生充分理解和拥护中国特色社会主义理论体系，特别是习近平新时代中国特色社会主义思想，以激发学生的爱国之情，激励学生为实现中华民族伟大复兴而不断开拓和奋进。除此之外，大学英语教师还要提升中国文化素养。教师可以利用业余时间加强对中国传统优秀文化的学习，通过阅读中国经典文学作品等方式来了解母语文化的精髓，熟悉中国历史的发展和新时期中国在国际社会上的影响与地位，或者通过观看影视作品了解不同地域的风土人情和节日习俗。只有在知识不断累积的基础上，教师才能将所了解的中国文化用英语规范地表达出来，并帮助学生掌握相关的词汇和句式，使学生在学习的过程中培养文化自信，强化母语文化身份认同，并能够用英语向全世界传播中国文化，讲好中国故事。

（二）将思想政治教育与英语课堂教学进行有机融合

“树德莫如滋，去疾莫如尽”，这种师道的浸润和潜移默化式的教育是古今中外思想道德教育的共识，笔者也坚信课程思政的策略绝不是生搬硬套或者大声喊口号，教师应该结合课程内容和学生特点，进行更有效的输入。所以笔者一直在面授课中坚持“润物细无声”的原则，在精读课中“无痕渗入”思政教育。这就需要教师在国际社会热点新闻、案例以及英语原版的影视材料中筛选出与课文主题相关、与学生生活贴切、学生感兴趣的话题，通过知识竞猜、演讲和辩论、案例分析和汇报展示等方式来丰富教学活动和活跃课堂气氛，师生共同参与讨论，积极互动，大家互相交换观点，教师做引导和总结，以达到良好的教学效果。

① 习近平同北京师范大学师生代表座谈时的讲话[EB/OL]. 新华网，2014-09-10.

（三）创建微时代的第二课堂，引导学生意识形态

“微时代”的到来，让第二课堂不再局限于线下操作的传统形式，如英语讲座、英语角等，英语教师可以充分利用微信、QQ 等学生们喜闻乐见的网络媒体，传播正能量，将意识形态安全教育寓教于乐，达到事半功倍的效果。

笔者利用微信“公众号”进行第二课堂课外内容的输送，学生们表示欢迎，学到了很多实用的词汇。这对传统的教学方式进行了创新。教师要及时进行教学反馈，如在每学期期末开展教学评估工作，发放学生调查问卷，来了解这种方式是否存在问题，以便及时调整，不断地改进和完善。笔者在学期期末对于“微课”公众号的推送进行了一些反思：公众号推送的内容需要进一步和第一课堂进行结合，如在课上设立“Weekly Talk”的环节，让学生自学消化后，在课堂上复述，以便巩固；公众号的内容可以适当地在考试内容中有所体现，目的是让学生自学完后对自己有一个客观评估，以查漏补缺。

六、结语

伴随着高校思想政治教育的不断深入，依照教育部的要求来推动以“课程思政”为目标的教学改革是高校各课程所面临的新任务。目前成人高校英语教学的思想政治教育功能还未得以充分挖掘和体现。因此，如何从学校、教师、教材、课程设置、课堂教学活动等路径来更有效地在英语等各类课程中实施课程思政，依然是笔者在今后教学中需要不断探索、实践和反思的问题。

参考文献

[1] 陈勇．高校英语教育中的文化与意识形态安全问题及应对[J]．济宁学院学报，2017（2）.

[2] 林于良. 高校“课程思政”建设的现实际遇与创新路径[J]. 辽宁教育行政学院学报，2019（2）.
[3] 刘晓阳. 大学英语“课程思政”的实施路径研究[J]. 吉林工商学院学报，2018（5）.
[4] 王雪莉. 微时代高校思政课堂教学对策研究——谈微课及其在思政课课堂教学中的应用[J]. 才智，2017（35）.
[5] 温偲睿，李春英. 大学英语课程思政教学设计与实际[J]. 教育现代化，2019，3（19）.
[6] 习近平在全国高校思想政治工作会议上强调：把思想政治工作贯穿教育教学全过程　开创我国高等教育事业发展新局面[N]. 人民网—人民日报，2016-12-09（1）.
[7] 朱漪. 高校实施“课程思政”若干问题的思考[J]. 牡丹江教育学院学报，2018（2）.

课程思政背景下情境教学法的运用
——以物流管理教学为例

◎ 沈　力

摘　要：随着课程思政改革的不断加深，各高校开展了一系列的专业课程改革措施来落实课程思政这一重要的教育任务。对于广大教师而言，如何做好课程思政，当务之急是要寻找一种行之有效的教学手段，与自身专业课程教学相结合，让课程思政真正发挥效果，育德树人。本文以物流管理专业课程思政教学为例，论述情境教学法在教学中的具体运用与特色，指出其存在的问题与改进措施，并对未来物流管理专业课程思政教学提出展望。

关键词：课程思政；情境教学法；物流管理教学

一、研究的背景和研究意义

习近平总书记在2016年全国思想政治工作会议上的讲话中强调："高校思想政治工作关系高校培养什么样的人、如何培养人以及为谁培养人这个根本问题。要坚持把立德树人作为中心环节，把思想政治工作贯穿教育教学全过程，实现全程育人、全方位育人，努力开创我国高等教育事业发展新局面。"[①]高校各类专业课程应当与思政课程同向同行，共同做好学生的思想教育工作，为学生树立正确的道德观、人生观与价值观。

高校思政课程改革需要寻找合适的教学方法。以物流管理专业为例，

① 习近平在全国高校思想政治工作会议上强调：把思想政治工作贯穿教育教学全过程　开创我国高等教育事业发展新局面[N]. 人民网—人民日报，2016-12-09（1）.

相对于其他高校专业而言，物流管理专业尚属于“年轻”专业，各类教学资源的建设还不够完善，缺乏结合教学内容对学生渗透思想政治教育的方法和手段。然而随着“一带一路”的大力推进，物流行业已经成为我国十大产业振兴规划中的第十个产业，物流发展的重要性已经不言而喻，针对物流人才的培养更是重中之重。为了培养符合现代思想政治素养的物流管理人才，物流管理专业教师必须寻找一种行之有效的教学手段，针对物流学生工作与学习的特点，将思政教育与专业教育紧密结合，最终实现课程思政育德树人的根本任务。

在众多教学方法之中，能够将思政教育完美融入专业教学的方法莫过于情境教学法。运用情境教学法，教师作为引导者可以创设合适的情境，引导学生在接收专业知识的同时，进行思政教育的价值渗透，提高课程思政的效果与教学质量。学生作为参与者，不仅能够在教师创设的情境中锻炼自己的实践能力，还能够及时端正自己的工作态度并提升自身素质，给今后的实际工作打下良好的基础。因此，无论是对教师还是对学生而言，情境教学法对于物流管理课程思政教学的帮助是显而易见的，具有研究推广的意义。

二、课程思政背景下情境教学法的分析

（一）情境教学法的定义

情境教学法是指在教学过程中，教师有目的地引入或创设具有一定情绪色彩的、以形象为主体的生动具体的场景，以引起学生一定的态度体验，从而帮助学生理解教材，并使学生的心理机能得到发展的教学方法。

（二）情境教学法的特点

情境教学法是一种极具实践性的教学方法。教师通过设置一个具体的情境，让学生扮演情境中的角色，明确工作流程，处理突发问题，从而加深学生对理论知识的掌握。教师作为引导者，负责掌控全局，适时

提点。学生作为主要参与者，通过运用学到的专业知识来应对情境中可能出现的各种问题。因此，运用情境教学法能够将理论与实践紧密结合。

（三）运用情境教学法的好处

1. 激发学生的学习兴趣，思政教育化被动为主动

在一般的课堂教学中，通过讲授法教授理论知识的过程往往是枯燥与乏味的，学生往往难以对其产生浓厚的学习兴趣，主要原因在于学生在这样的学习过程中，很难有自己的思考，始终处于被动的地位。然而在运用情境教学法的授课中，学生能够在教师设计好的情境里，以角色扮演的方式自由发挥，充分调动起自己的主观能动性，从而化被动为主动，对学习产生兴趣和热情。课程思政教育要想真正渗透进学生内心，就必须激发起学生兴趣，让学生从被动接受思想教育的状态，变成主动改变其自身思想，这样的思政教育才是真正有效的。

2. 把握学生思想状态，思政教育有的放矢

通过运用情境教学法，教师能够更加明确地把握学生的思想情况与学习情况。在传统的课堂教学中，教师往往通过提问的方式来了解学生状态，这样做只能了解学生的一部分情况，很难做到全方位地把握。但通过运用情境教学法，每一位学生都需要负责扮演一个角色，在情境中负责一部分工作，教师可以通过观察每一位学生的表现，不仅能够了解学生对专业知识的掌握，更能够知晓学生的思想状态与工作态度，给出针对性的思政教育。

3. 实践锻炼出真知，培养正确的思想观念

在情境教学法的实践环节中，教师从台前转到了幕后，更多的是让学生来进行表演，展示自己处理实际问题的能力。学生需要互相交流，形成一个工作团队，互相协作完成任务。在这个过程中能够培养学生的团队协作能力，养成正确的职业态度与道德观念。对于学生而言，通过实践获得的知识远比来自讲课和阅读所获得的知识更加牢固，思政教育

也是如此。教师通过设计多个拥有思想教育意义的情境，潜移默化地对其中参与实践的学生进行思想教育，传递正确的道德观、人生观、价值观，使课程思政教育事半功倍。

三、课程思政背景下情境教学法的运用

下面以一个教学单元为例，介绍情境教学法在物流管理课程思政教学中的应用。

（一）教学单元

国际贸易术语 Incoterm（International rules for the Interpretation of Trade Terms）。

（二）教学目标

学生需要在情境中分别扮演不同的角色，运用学到的国际物流知识，明确自身扮演的角色的责任和义务，通过相互沟通合作，秉持诚信为本的职业道德精神，认真负责地完成整个情境任务。在了解国际贸易流程知识的同时，养成良好的职业道德素养和爱岗敬业精神。

（三）教学准备

1. 情境准备

由教师设计情境，设计情境如下：

中国 A 公司是一家国内顶尖的服装设计与生产企业，主要生产各类生活服饰，如 T 恤、卫衣、羽绒服，等等。为了扩大自身海外市场的市场份额，现与美国服装代理销售 B 公司签订出口合同一份，贸易术语为 FOB。双方的付款方式约定为电汇 T/T。

情境中的主要角色有：卖方 A 公司、买方 B 公司、货运代理、银行。

此外还可设置海关、船公司、保险公司等角色。主要角色分配任务如下：

卖方 A 公司：与买方公司进行友好的合作交流，秉持诚信的商业合作精神并签订商业合同。A 公司需要仔细确认合同上的信息，确保不出任何差错。随后根据合同上规定的贸易术语，联系 B 公司的货代将生产好的货物运输至装货港，办理货物出口手续，提供出口所需的各种单证。

买方 B 公司：与卖方公司进行友好谈判，签订商业合同，明确具体的交易信息，包括约定交货期、包装、检验和货代信息；根据 FOB 的贸易术语，负责寻找合适的货运代理，并及时支付运费、保险费以及货款。

货运代理：与买方公司签订委托合同，负责租船或订舱，办理货物保险，及时与买方公司与卖方公司沟通，确保货物的安全运输。

银行：负责买卖双方公司的货款交付，出具电汇回执与电汇通知书。

在整个情境过程中，所有角色必须保证贸易的顺利进行，为此需要进行相应的沟通、协调与合作。任何一方出现问题，都会导致情境工作的失败，因此认真负责的工作精神与良好的沟通态度是成功的必备条件。

2. 资料准备

根据已经设计好的情境，准备教学相关材料。如教学方案、PPT、台签、情境中涉及的各项合同与单证模板与空白页，以及学生表现评价表，等等。

（四）教学实施

情境教学实施过程分为以下几个环节：

1. 情境引入

教师首先帮助学生回忆情境中所需要运用的知识内容，然后引入设计好的情境，向学生介绍其所需要扮演的角色，明确每个角色的具体工作与注意事项，强调职业道德精神在实际工作中的重要性以及如果因为缺乏职业精神而导致交易失败的后果。

2. 分组讨论

教师根据学生人数进行分组，每个小组分配4～5名学生。由学生自行讨论，选择自己想要扮演的角色，并推选一名学生作为小组组长。学生在明确自身角色后，分别熟悉该角色的工作内容与业务流程，并与其他同学进行模拟练习。根据给出的情境，学生需要设计具体的沟通文案，并认真填写相应单证确保不出任何差错。小组长还要负责收集整个小组在讨论中遇到的疑问，及时与教师进行反馈。最终，小组要完成整个表演方案，确保情境中贸易过程的正确进行，并展现自身正确的职业道德观念。

3. 表演过程

学生以小组为单位，逐个上台进行表演。教师与其余学生在台下观摩。表演过程中，保持台下学生绝对的安静，避免影响台上表演学生的发挥。当台上学生表演困难的时候，教师可以适当做一些提醒，确保整个流程能够顺利演示。一旦出现学生沟通不顺畅的问题，教师需要给出正确的意见提示，及时纠正学生错误，并强调沟通与协作的重要性。

4. 评价打分

评价打分分为教师评价、学生互评和学生自评。教师根据学生表现判断学生对知识的掌握程度以及其职业素养，给出相应的分数。学生通过对比自身表演和其他同学表演的情况，判断自身水平并打分，找出并分析自身不足之处。最终根据三项打分，以4：3：3的权重给出最后的分数。

5. 教师总结

教师根据学生所获得的分数，对其进行点评和总结，指出学生在情境表演中发挥得好的地方及不足之处，并且给予学生以正确的演示过程。对分数最高的小组给予一些奖励，用以激励学生的学习热情。在总结时结合课程思政教育，传播正确的物流职业观念，让学生形成友善合作、诚信办事的职业道德素养。在完成整个情境教学之后，根据学生的实践情况以及获得的评价数据，对授课进行总结与反思，并相应地调整今后的教学设计。

四、情境教学法的效果反馈

通过在物流管理专业中运用情境教学法进行授课，学生的学习兴趣被充分调动起来。学生的心态也从被人逼着学习转变为自己想要学习，从被动到主动，开始对学习产生了兴趣和学习的动力，保证了课程思政教学的主动深入，潜移默化中改变了学生的人生观、道德观与价值观。

在情境教学的过程中，学生与教师之间的距离不再是遥不可及，而是在情境教学中逐渐拉近。相比于传统的课堂灌输式的授课，教师的身份从课堂的主人转变为引导者，尽可能地减少对学生限制的枷锁，给予学生一个舒适的心理环境，做到寓教于乐，让学生自由地思考、自由地发挥。从而使课堂的教学氛围由沉闷压抑变得更加和谐融洽，给课程思政创造合适的发挥条件。

通过情境教学，学生对物流管理复杂繁复的理论内容与物业行业所需要具备的职业道德素养有了更加清晰的认识。通过自身实践，学生的商业交流能力获得很大的提高。许多原先在课堂上从不开口的学生也能够掌握正确的交流方式，明白了互相沟通与互相信任的重要性，这对其今后的职业发展打下了良好的基础。

除此之外，学生还在情境教学中懂得了什么是责任和义务，成为更有担当的现代化人才。学生将会更加明白诚信的重要性，逐渐形成诚信的商业精神和法治社会意识。在情境中，教师通过互换角色，其承担的责任也会发生变化。因此，学生能够学会站在他人的角度思考问题，明白友善待人的重要性，学会换位思考。

五、情境教学法应用中遇到的问题与改进措施

（一）情境教学的引入不够深入，课程思政效果打折扣

在情境教学法中，情境的引入是非常关键的，而想让学生完全沉浸在教师所设计的情境需要教师付出很大的努力，情境设计是否完善有代入感，是提升课程思政效果的关键因素。物流管理专业是一门应用性很强的学科，涉及很多有关贸易方面的实践操作与案例分析，学生理解起来比较困难。有些专业知识比较薄弱的学生在接收情境导入的时候，无法很好地形成清晰的理解和认识，导致无法深入情境。面对这种情况，教师需要设计出清晰易懂的情境，结合一些相对简单的专业课程知识，同时开展思政教育，达到课程思政效果最大化。

（二）教师自身思想政治水平需要提升

教师在利用情境教学法对学生开展思政教育时，自身需要过硬的思想政治水平。对情境中可以利用的思政教育的时机需要有精准的把握，当学生进行扮演角色出现职业态度问题时，及时改正学生思想认知错误，引导学生建立正确的职业道德认知，形成良好的职业道德精神。在情境教学总结时，要给出令学生信服的理由，告诉学生错误的工作思想与工作态度会对自身与企业造成的危害。因此，教师必须在平时的备课工作中，不断深化自身思想道德认识，提高自身思想政治水平，搜集行业内相关素材，做到在学生面前旁征博引，让课程思政更有信服力。

（三）情境教学占据授课时间，成人学生工学矛盾严重

情境教学需要占据相当一部分的授课时间，每次的扮演分组讨论需要花费大量的时间，与课程思政教育相结合的方式效果虽好，但还是会影响专业的理论知识教学，因此不能经常使用。特别是对于成人学生而言，平时工学矛盾比较严重，不能够经常到校上课，是通过一般的课程

思政讲授方式还是情境教学法，需要进行平衡与抉择。要解决这一问题，需要利用学生的业余时间进行一般理论的教授，在课堂面授时间开展情境教学，达到类似翻转课堂的效果，让课程思政与专业理论知识学习两不误。

六、总结与展望

综上所述，情境教学法作为一种优秀的教学方法，能够在一定程度上加强专业课程思政效果，更好地提升学生的职业道德认识，渗透对学生价值观的教育。今后为了更好地培养高素质有道德适应现代社会发展的职业人才，需要在日常的专业教学中，运用像情境教学法这样的教学手段，将课程思政融入专业教育中来，更好地完成育德树人这一教育的根本任务。课程思政并非一朝一夕，需要教师与学生的共同努力。作为成人高校教师，要不断磨炼自己，将学生的需求放在首位，将教书育人变为育人教书，更好地将课程思政理念落实践行。

参考文献

[1] 刘晶璟．行动导向的情境教学法在高职物流英语课程中的应用[J]．武汉职业技术学院学报，2012（6）．

[2] 赵中平．基于情景教学理论视角下的物流管理教学解析[J]．物流工程与管理，2015（7）．

[3] 杨帆．情景教学理论视角下的高职物流管理教学 [J]．烟台职业学院学报，2017（4）．

[4] 许超．高职院校物流管理专业教学改革和建设探索[J]．中国市场，2017（15）．

[5] 郑晗．应用技术类型高校物流管理专业“国际贸易实务”课程教学方法新探[J]．高教学刊，2016（10）．

从“思政进课堂”看换位思考法在人力资源管理教学中的应用

◎ 沈　豪

摘　要： 换位思考法通常被人们运用在人际交往中，当人与人之间发生矛盾时，教育人们应站在他人的角度，设身处地地为他人着想，从而缓解矛盾，解决争端。笔者将换位思考法运用于人力资源管理的教学中，并尝试将思政教育穿插于教学过程中。全文在阐述换位思考法的重要性的基础上，着重介绍了换位思考法在人力资源管理教学中的应用，并通过实例，具体描述了思政教育如何与人力资源管理的课程结合起来。

关键词： 思政进课堂；换位思考法；人力资源管理

一、引言

习近平总书记在全国高校思想政治工作会议上明确指出：“要用好课堂教学这个主渠道，思想政治理论课要坚持在改进中加强，提升思想政治教育亲和力和针对性，满足学生成长发展需求和期待，其他各门课都要守好一段渠、种好责任田，使各类课程与思想政治理论课同向同行，形成协同效应。”[①]这就意味着，思政教育不仅仅是思政教师的任务，其他专业课教师也应担负起相应的责任。

成人高校的青年教师应当响应号召，履行自己教书育人的职责。笔者所承担的课程为“人力资源管理”，通过积极运用换位思考法，想学生

① 习近平在全国高校思想政治工作会议上强调：把思想政治工作贯穿教育教学全过程　开创我国高等教育事业发展新局面[N]. 人民网—人民日报，2016-12-09（1）.

所想，取得了良好的教学效果，同时在教学过程中穿插思政教育，在一定程度上也对“思政进课堂”产生了积极作用。

二、换位思考法对于人力资源管理教学的重要性

（一）有助于教师了解学生

目前，成人高校的学生普遍存在“两高两低”的现象，即“90后”“00后”学生比例高，外省市学生比例高；文化水平偏低，工作级别较低。这些现象使成人高校学生有不同的想法，不同的需求，甚至不同的价值观。运用换位思考法，通过角色换位，使教师能够进一步了解与认识学生，加强和学生之间的交流沟通。一方面能缩小不同学生之间的差距，另一方面可以凝聚不同学生的“心”，也为思政教育的开展打下了良好的基础。

（二）有助于学生学以致用

人力资源管理这门课程主要站在企业的角度，管理者通过学习可以帮助企业更好地管好人才，用好人才。然而，在现实中，成人高校的学生大部分虽在企业里面工作，但是他们在企业中基本上都是被管理者，工作压力大，生活压力大，往往产生很多的负面情绪。因此，在教学中运用换位思考法，站在学生的角度适当调整授课内容，转变管理者和被管理者之间的关系，可以帮助学生更好地获取所需的知识和技能，真正让学生学以致用。

（三）有助于教学方法丰富化

传统的课堂教学主要以讲授法为主，其特点是教学方法单一，教学质量的优劣全由教师把握。一旦教师水平有限，教学内容不受学生欢迎，就会使课堂气氛沉闷，甚至影响教学的正常进行。运用换位思考法，使学生站在他人的角度看问题，可以运用角色扮演、小组讨论、现场演示、

案例分析等方法，极大丰富教学方法，活跃课堂气氛，提高学生的学习积极性。同时，教师还可以结合这些教学方法，将思政内容穿插于教学之中，让学生在潜移默化中领悟其中的道理。

三、换位思考法在人力资源管理教学中的应用

（一）想学生所想，解学生之惑

在课堂教学中，教师往往起着至关重要的作用。一般而言，教师较为主动，学生较为被动，即教师讲课，学生听课。因此，在教学过程中，学生在想些什么，这是教师需要及时了解的，只有这样学生才会对教师讲的内容感兴趣。

例如，在讲招聘这一章内容的时候，其中讲到了人员需求表，很多学生表示不清楚、不知道。这时需要教师转换思路，尽量将这一内容往学生所熟知、能想到的方面上靠。于是，笔者列举了简历（这是学生经常接触又十分贴近的内容），并描述了人员需求表与简历之间的关系，即人员需求表是管理者填写的用人要求，简历是求职者填写的自我介绍，两者越是吻合，那么求职者被录用的可能性就越高。通过这样的转换和解释，学生不仅掌握了书本上的知识，也激发了对简历的讨论，提高了学习积极性。

而在讨论中，不少学生抱怨企业要求高，投的简历就如石沉大海，一去不复返。到底是什么原因造成的？这是学生留给教师的难题，而教师就要针对这一难题进行分析，并帮助学生找到问题的关键，此为解惑也。

但是成人高校不同于中小学，其课程更偏重应用性、实际性，因而学生的问题也大都属于开放性问题。这就需要教师既要有扎实的理论基础，又要有丰富的实践经验。然而，对于成人高校的教师，尤其是青年教师而言，缺少实践经验是较为突出的问题。运用换位思考法，是帮助教师解决问题的有效方法。就如简历的问题，是由多方面原因造成的，但最主要的方面还在于学生自身，让学生准备好简历，教师准备好一份

被录用的范例，通过两者的对比，学生进行换位思考，就可以找到自己的不足，还存在哪些问题，以便不断改进。教师则可以从学生的角度进一步对其进行“剖析”，诸如学历、专业、技能、工作经验等，都是简历上的硬性指标。要让这些指标合格，并非一蹴而就，必须通过自己的努力去实现，“打铁还需自身硬”说的就是这个道理。通过换位思考法，不仅有效解决了学生在简历上遇到的难题，也可以从侧面告诫学生“天下没有免费的午餐”，培养学生的竞争意识。只有端正自己的态度，脚踏实地，才能一步一个脚印，磨炼自己、锻炼自己，最终提升自我。

（二）扬学生之长，补学生所短

成人高校的学生年龄跨度大、就业范围广、职位等级多，时常会出现学生对课堂内容接受程度各不相同。有的学生对授课内容较为熟悉，有的则比较生疏；有的理解能力强，有的理解能力较差。如何发挥每个学生的能力，扬学生之长，补学生所短是教师需要思考的。

例如在招聘这一章节，有面试的知识点，面试对于每个学生来说，都经历或参与过，但是结果可能不一。考虑到学生的实际情况，有的学生已经成为管理人员，在面试过程中，担任了面试官的角色；大部分学生则是普通员工，在面试过程中，担任了应聘者的角色。教师可以运用换位思考法，增加实践环节，组织学生进行角色扮演，让在企业中担任面试官的人做应聘者，而让经常参加应聘的人做面试官。同时让担任两个角色的学生分成面试官组和应聘者组进行小组讨论面试前需做好哪些准备工作，面试中双方分别需要注意什么，面试后又有哪些工作要做，等等。通过面试的角色扮演，学生的身份回到企业中，让学生能够站在他人的角度进行换位思考，增强必要的分析能力。通过小组讨论，学生能够互相探讨，让较好的学生带动较差的学生，弥补学生之间的差距。教师在整个教学过程中，除了安排角色和组织讨论外，更为重要的是对整个过程进行点评，告诉学生哪些方面做得好，需要继续保持；哪些方面有待改进。其中，教师还需要起到引导作用，向学生传递正确的、积极向上的就业观，鼓励学生爱岗敬业，发挥自己的优势，从而在职场中找到适合自己的工作。

（三）为学生之乐，助学生之力

在成人教育课堂上，教师不应该唱“独角戏”，应帮助学生积极参与到整个教学环节中去。要让学生主动参与，需要教师调动学生的积极性，站在学生的角度，试着去想哪些内容是学生感兴趣的，哪些内容是对学生有帮助的。人力资源管理是一门和实际工作密切相关的课程，教师可以将部分课程内容与视频、故事联系起来，相对于书本上枯燥的理论知识，视频和故事更容易被学生所接受，学生也更感兴趣。由于这些视频和故事都是实际存在的，学生很容易会进行自我联系，进行思考，教师帮助学生解决“如果你遇到这种情况，你会怎么办？如果你是他/她，你会怎么处理？如果要你去完成，你会怎么做”的问题，而这些问题的解决往往又能够帮助学生在学习、工作中学以致用。

例如，对于职业生涯管理的内容，职业生涯规划是其重点。成人高校的学生大都已进入职场，但较为年轻，大部分学生还处在职业生涯的初期阶段，这正是职业发展的关键时期，然而由于种种原因，成人高校的学生基本都没有对自己的职业生涯进行规划。我会以比尔·盖茨和马克·扎克伯格为例，通过讲故事的方式，叙述两者类似的职业生涯经历，让学生知道，每个名人的成功都不是简简单单、随随便便的，而是通过自己的努力实现的，努力的背后是对自己的职业生涯进行规划。在学生对职业生涯规划感兴趣之后，附加一份模板，让每一个学生写一份自己的生涯规划，而在这些规划中，不少缺乏明确目标，甚至存在悲观情绪。教师需要对其中的部分内容采取匿名形式进行点评和指导，通过正能量的传播，帮助学生树立正确的择业观，明确自身的职业生涯目标，选择合适的职业生涯路线，并能够付诸实践。这不仅有利于学生职业生涯的发展，也有利于学生正视自我，引导其树立正确的世界观、人生观、价值观。

四、结语

综上所述，换位思考法在人力资源管理课程中的应用是有必要的，也是有效的。一方面，换位思考法在教学中能帮助教师理解学生，使其能够更好地开展课堂教学；另一方面，换位思考法在教学中可以帮助学生理解知识，使其能够更好地学以致用。同时，在“思政进课堂”的指导方针下，运用换位思考法，也有利于教师将思政教育融入课程之中，在潜移默化中开展思政教育，最终实现“思政进课堂”的目标。

参考文献

[1] 沈红梅. 移情——浅谈德语工作中换位思考法[J]. 中国教师，2009(4).

[2] 张季伟. 换位思考法在高职辅导员工作中的运用[J]. 读与写杂志，2015(3).

[3] 高肖. 换位思考法在综合英语教学中的应用[J]. 山东教育，2009(32).

[4] 童潇. 非思政课专业教师应特别增强授课中的思想政治教育意识[J]. 红旗文稿，2017(14).

情境教学法在成人高校课程思政教学中的初步应用——以上海开放大学“老年社会工作概论”课程为例

◎ 汤梦辰

摘　要： 本文以上海开放大学老年服务与管理专业的基础课“老年社会工作概论”为例，阐释了情景教学法对课程思政的适应性特征，分析了情境教学法在该课程导入和教授过程中的应用，突出于通过“课程思政”将传统美德、核心价值观融入教学中，例如在养老助老方面，模拟生活中遇到的问题，以问题式情境展现，并由学生寻找答案，提升职业能力。最后对该教学方法的应用提出了适当总结和理性反思。

关键词： 情境教学；课程思政；老年社会工作

一、情境教学法对课程思政的适应性特征

本文所涉及的情境教学借鉴了该理论创始人李吉林老师提出的相关概念，她认为所谓情景教学是从情与境、情与辞、情与理、情与全面发展的辩证关系出发，创设典型的场景，激起儿童热烈的情绪，把情感活动和认知活动结合起来的一种教学模式。[①] 换言之，就是在教学过程中，利用人为创设的情境，教育者将预设的价值传递给学生的一种模式，其呈现方式可以有角色扮演、课堂游戏、朗诵绘画等。情境教学法不仅适用于儿童教学，也可以迁移至其他学科，笔者将这一教学方法初步应用

① 高正琴. 情境教学法在初中历史教学中的应用[D]. 昆明：云南师范大学，2009.

于上海开放大学老年服务与管理专业的基础课“老年社会工作概论”课程中。

课程思政要求将各类课程与思想政治理论课同向同行，形成协同效应。由于各类课程性质与特点不同，其思政元素是隐性的，它所要达到的是“润物细无声”的效果。在“老年社会工作概论”课程教学中，把教学过程作为传播社会主义核心价值观、中华传统美德的教学载体，挖掘课程中的若干思政元素，合理融入学生精神层面的培育。

情境教学法对课程思政的适应性特征如下：

（一）参与性

情境教学法以学生参与为主，教师只是指导者、协助者。在融入课程思政元素时，机械地灌输容易引起教与学的惰性，情境教学可以化被动为主动，让学生在情境中付诸实践，真正将思政育人落到实处。

（二）直观性

透过现象看本质，人们通过表象感知背后的内涵。在教学中，鲜明且典型的现象容易在第一时间吸引学生注意，学生可以通过直观的情境身临其境，努力了解和感受本质。

（三）发散性

尽管情境是模拟的环境，但学生可以通过其获得的知识和方法，迁移至现实工作中。在实际工作中以“思政元素”为原则，情境为基础，问题为导向，推理相应的结论，进而开拓学生的发散性思维。

二、“老年社会工作概论”课程中蕴含的“思政元素”

“课程思政”的作用之一是努力将中华传统美德、社会主义核心价值观融入教学中，通过“随风潜入夜，润物细无声”的方式培养学生社会公德、传承传统美德，把理念体现在实际工作中，体现在细节处。

（一）尊老敬老、爱老助老

尊老敬老是中华民族的传统美德，爱老助老是全社会的共同责任。党的十九大报告中，明确提出了“积极应对人口老龄化，构建养老、孝老、敬老政策体系和社会环境，推进医养结合，加快老龄事业和产业发展”的要求。尊老敬老、爱老助老作为该门课程的“思政元素”，旨在培养从业人员如何帮助老年人实现晚年生活的价值、如何技巧地解决养老过程中的生活难题。

（二）爱岗敬业精神

敬业是社会主义核心价值观的基本内容，是对公民职业行为准则的价值评价。爱岗敬业精神作为该门课程的“思政元素”，在教学中需要引导学生思考一名优秀的老年工作服务者应该具备的素质，培养学生良好的职业品德和爱岗敬业精神，努力将工作升华为事业。

（三）友善精神

友善是社会主义核心价值观的基本内容，强调公民之间应互相尊重、互相关心、互相帮助，和睦友好。友善精神作为该门课程的“思政元素”，在教学中需要引导学生为老年群体创造友善的生活环境，建设长者友善社区，更好地满足老年群体心理和生理的健康需求。

三、情境教学法在课程思政教学中的应用

“老年社会工作概论”是上海开放大学老年服务与管理专业的一门专业基础课，该专业生源来自养老机构管理层及一线、街道相关部门以及

其他人员，针对学生理论知识薄弱、学历参差不齐、操作能力强等现状，在教学方法上选择情境教学法教授部分知识点，可增强教学趣味性，提升学生积极性。

（一）导入新课创设情境

根据学生特点，利用创设情境的方式，将要学习的知识和已有的知识进行回忆、衔接。在教授导论课——老年人面临的需求和问题，涉及如何为老年人提供社会支持时，在开篇以绘画的形式导入新课，让学生从外貌、生活、家庭等方面入手，描绘一幅想象中的自己80岁时的画像，将自己提前代入老年人的角色中。再通过每一位学生的详细描述，运用图画直观性地总结和分类老年人的需求，从而导入知识点——老年人所需要的社会支持，包括手段支持、信息支持、评价支持等。

通过绘画的方式导入，学生的学习兴趣提高了，能主动学习了。同时，以传承弘扬尊老敬老的传统美德为目的，了解并掌握老年人的生理和心理需求、物质和精神需求，获得社会支持的途径。

（二）教学过程中创设情境

基于学情，大部分学生来自养老机构，在讲授老年人机构照顾章节时，采用角色扮演的方式，教师创设人物情境，可增强学生对书本知识的理解。学生以小组为单位，模拟小组在养老院中成立社团联合会（包括各种不同的社团）。具体要求如下：

（1）学生设计的社团需要能够尽量覆盖养老院所有的住院老人。

（2）每个社团需要设计特定的社团成员、活动项目、服务对象、期望效果等。

（3）每个社团需要思考社团活动的资金来源、筹集方式等。

（4）社团联合会需要设计对于每个社团的评价方式、激励措施，并思考激励措施的多样化。

（5）小组需要思考，通过社团联合会的活动，住院老人的哪些方面能够得到改善。

学生通过社团联的模拟活动，了解和获取养老机构服务对象的基本情况、适合机构养老的活动项目以及效果评估，并思考一名优秀的服务者应该具备的素质，培养良好的职业品德和爱岗敬业精神。

在讲授如何针对退休初期老年人进行生活调适的章节时，通过情景剧《离退休综合征》给定的剧本，安排学生进行表演体验，以解决退休初期老年人不适应的问题。在剧本中涉及刚退休的老人、老伴、子女、保姆以及社区工作者，案主由于刚从政府官员的职位上退下来，对社会角色转变遇到了障碍，感觉退休生活略有落差，家庭成员纷纷谏言献策。学生在扮演过程中，体会如何照护退休过渡初期老年人的技巧，引导老年人增加社会参与的技巧，以达到实现老年人人生价值、丰富其晚年生活的目的。

四、总结

在利用情境教学法融入课程思政元素进行教学的过程中，不仅可以有效地模拟生活中的实际环境，帮助学生提前感知专业知识，完成教学任务，也在一定程度上潜移默化地提升了他们的思想政治素养，以更好地践行社会主义核心价值观，继承中华传统美德。但是在运用过程中也发现，过多依赖情境教学法容易导致教学过程呈现“碎片化”状态，学生很容易被创设的情境所吸引，而忽略了情境背后的内涵。这不仅不利于培育严谨的思维能力，也不利于学生深度领会思政教育所承载的价值观和正确的思想方法。

参考文献

[1] 高正琴. 情境教学法在初中历史教学中的应用[D]. 昆明：云南师范大学，2009.

[2] 郑立坤. 新课程理念下高中思想政治课情境教学的研究[J]. 新课程

（上），2010（4）.
[3] 陈静媛．情境教学法在法学教育中的应用[J]．陕西教育（高教），2012（Z1）.
[4] 奚振倩．高中思想政治课应用情境教学法的研究[D]．上海：上海师范大学，2013.
[5] 史洋．情境教学法在高校思政课中的应用[J]．中国高等教育，2015（13）.

“应用文写作”课程思政教学实践的探究

◎ 陶　曦

摘　要：全国高校思想政治工作会议强调要把思想政治工作贯穿教育教学全过程，专业课教师也要参与到思政教育中去，这对区办高校教师提出了更高的要求。笔者以所在区办高校的“应用文写作”课程思政改革为例，探讨“应用文写作”课程思政改革的必要性及其实践途径。

关键词：课程思政；应用文写作；教学改革

2016 年 12 月，习近平总书记在全国高校思想政治工作会议上发表重要讲话强调：“高校思想工作政治工作关系高校培养什么样的人、如何培养人以及为谁培养人这个根本问题。要坚持把立德树人作为中心环节，把思想政治工作贯穿教育教学全过程，实现全程育人、全方位育人，努力开创我国高等教育事业发展新局面。”[①]课堂教学作为高校思想政治工作的主渠道，要以思想政治理论课程为引领，其他各门课程要守好一段渠、种好责任田，与思想政治理论课程同向同行，形成协同效应，引导广大师生做社会主义核心价值观的坚定信仰者、积极传播者、模范践行者。

笔者所在学校是一所面向成人的区办高校，面对来源广泛、社会角色多样、生活经历不同的成人学生，学校积极推进课程思政建设，在全校、全员、全课程中开展课程思政的理论研究与教学实践。笔者所教授的“应用文写作”课程是一门培养学生应用文写作能力的综合性课程。通过学习，学生能够了解应用文写作在格式、结构、表达等方面的特定

① 习近平在全国高校思想政治工作会议上强调：把思想政治工作贯穿教育教学全过程　开创我国高等教育事业发展新局面[N]. 人民网—人民日报，2016-12-09（1）.

规范和特殊要求，掌握应用文写作的技巧和方法，为今后解决生活和工作中遇到的实际问题提供帮助，具有很高的实用性价值。笔者认真领会全国高校思想政治工作会议精神，根据学校课程思政建设的具体要求和举措，遵循“应用文写作”课程的教学大纲、授课计划，结合成人学生实际的学习需求，对“应用文写作”课程的课程思政改革进行探究，努力挖掘其中所蕴含的思政元素和德育功能，发挥专业课的育人功能，使学生在课堂中不仅能学到专业知识和技能，更能提升自我的思想水平、政治素养、道德品质和文化修养，成为德才兼备、全面发展的社会主义建设者。

一、“应用文写作”课程思政改革的必要性

区办高校的成人学生来源多样，综合素质各不相同，有些学生的世界观、人生观、价值观尚未完全形成，而有一些学生则已经形成了不正确的世界观、人生观、价值观，如果不接受正确的思想政治教育，成人学生毕业后难以为社会做贡献，这就违背了学校培养合格的社会主义建设者的初衷。例如以“应用文写作”课程为必修课的行政管理专业，本专业主要培养具有现代管理知识，能从事办公室文秘工作、会务管理、企事业单位班组管理工作的基层行政管理人才。用人单位除对人才的专业技术能力有高要求外，更对人才的职业素养、职业道德等方面提出了更高的要求。因此，为帮助成人学生毕业后能在工作中有所成就，就必须要在就读期间加强对成人学生的思想政治教育，引导成人学生树立正确的世界观、人生观、价值观，促进成人学生全面发展，将其培养成职业素养、职业道德过关的人才。

在课程设置上，相比思政课程，专业课程的学时数占了更大的比重，可以说成人学生有限的三年学习时间大部分都投入到了专业课程的学习，学生接触最多的也是各门专业课教师。①专业课进行课程思政改革，

① 万力. 论高职院校课程思政建设的必要性——以会计学专业课程为例[J]. 辽宁高职学报，2018（12）：49-53.

专业课教师参与到思政教育中非常必要。“应用文写作”以应用文写作能力和技巧为主，但其中也涵盖了一定的国家政策、时事热点、道德品质、社会主义核心价值观等内容，因此“应用文写作”课程思政改革势在必行。

二、“应用文写作”课程思政的实践途径

笔者所教授的“应用文写作”课程选用由陆亚萍、詹丹、张彪编著复旦大学出版社出版的《应用文写作教程》一书，主要分为基础知识、法定公文、日常事务应用文、商务应用文等内容。课堂教学以教师讲授和学生实践相结合为主，通过课堂练习、课后作业及期末考核来完成教学主要目标。

（一）研读教材内容，深挖思政元素

抓准思政教育切入点是提高课程思政教育教学效果的关键。①课堂教学以教材为主，因此“应用文写作”课程思政改革的第一步是要仔细研读教材，进行分析，深入挖掘其中的思政元素，并结合成人学生的实际情况，选对、选准思政元素。成人学生来自天南地北，年龄层跨度较大，生活经历和人生阅历大不相同。笔者仔细研读教材内容，结合习近平新时代中国特色社会主义思想、社会主义核心价值观、职业道德等当下热点，在教学内容中加入相关思政内容。例如，在“应用文写作的源流”章节中，重点讲解从殷商时期到当代的应用文发展史，宣讲中国传统历史和文化，引导成人学生树立民族文化自信；在“法定公文”章节中，强调工作态度要严谨、仔细，严格遵守公文写作、流转等各类规章制度；在“日常事务应用文”章节中，培养成人学生实事求是、脚踏实地的人生态度；在“商务应用文”章节中，加入诚信教育，引导成人学生诚信做人，不弄虚作假（见表 1）。

① 牛浩昌，王聪．高职课程思政特色教学改革初探——以应用文写作为例[J]．科学咨询（科技·管理），2018（3）：117-118.

表 1　教学内容与思政元素

教学内容	思政元素
引论——应用文写作的源流	了解中华传统历史文化，增强文化自信、爱国情怀和民族自豪感
法定公文	了解国家政策和时政热点，提升政策把握能力和主人翁意识；强调严谨的工作态度
日常事务应用文——计划和总结	培养成人学生实事求是、脚踏实地的工作态度
日常事务应用文——调查报告	培养成人学生调查研究能力和科研素质
商务应用文——经济合同	引导成人学生遵纪守法、诚实守信；培养成人学生公平正义的正确价值观
商务应用文——商品广告	引导成人学生树立正确的世界观、人生观、价值观，宣传正能量

（二）聚焦教师素养，提升德育能力

教师是人类灵魂的工程师。传道者自己首先要明道、信道。“高校教师要坚持教育者先受教育，努力成为先进思想文化的传播者、党执政的坚定支持者，更好担起学生健康成长指导者和引路人的责任。”①专业课教师要充分认识到课程思政改革的重要性和必要性，明确自身在课程思政改革中的主体地位。这也就对专业课教师提出了更高的要求，要求专业课教师能够开阔视野，转变思想，提升自身创造性，在课堂传授知识的同时，能够潜移默化、润物无声地进行思政教育。②因此，教师在提高自身知识储备、教学水平和专业素养的同时，更要注重自身德育意识、德育能力的培养和提升。专业课教师并非专业的思政课教师，在思政理论水平上与思政课专业教师有一定差距，可从学校、专业组、个人三个

① 习近平在全国高校思想政治工作会议上强调：把思想政治工作贯穿教育教学全过程　开创我国高等教育事业发展新局面[N]. 人民网—人民日报，2016-12-09（1）.

② 果秋婷，张小飞.“课程思政”背景下高职护理专业“药理学”课程教学改革实践探索[J]. 科技风，2019（7）：53-54.

层面建设一支有“德育自觉”的教师队伍。首先，学校要发挥主导作用，定期开展政治学习，为教师提升思想政治水平搭建平台。其次，专业组可以与思政专业组联动，请思政课专业教师共同研讨，为其他专业课找准课程思政切入点。最后，教师个人要坚定理想信念，坚定跟党走，加强对教师职业的责任感、使命感，不断学习先进思想、先进理论，努力提炼所授课程中的思政元素，并将其合理融入教育教学中，在潜移默化中引导成人学生，真正将立德树人根本任务贯穿于教育教学全过程。

（三）注重教学设计，创新教学方法

“应用文写作”课程思政改革不仅要在内容上下功夫，更要注重教学设计，创新教学方法，用学生易于接受、乐于接受的方法进行授课。过去多为“填鸭式”的教学，教师将教学内容满堂灌输，把成人学生当作被动接受的“容器”，导致成人学生不仅专业知识接受有限，更觉得思政内容枯燥乏味，甚至有些抵触。而有些专业课的课程思政改革将专业课程与思政内容分割成相互独立的两块，这并不是真正的课程思政。要真正落实课程思政改革，应当在课前精心设计教学环节，课上充分调动学生积极性，将思政元素合理、巧妙地融入专业课中，在润物细无声中潜移默化地发挥课程思政的德育功能。教师可根据不同章节的内容在传统授课方式的基础上，运用混合式教学、案例教学、讨论法等多种教学方法和手段，引导成人学生主动融入课堂。例如，在“法定公文”章节中利用混合式教学，设置时政环节，由学生课前搜集当下时政热点，课上分享感想，让学生自主学习，自发学习思政内容；在“商品广告”章节中，使用案例教学，引导学生杜绝低俗、虚假宣传，坚守道德底线，宣扬主流价值观；在“营销策划书”章节中，组织学生讨论，自主创作一份营销策划书，提升成人学生的团队协作能力。

三、结语

“应用文写作”课程思政改革有其重要性和必要性，它不仅是一门培

养学生写作能力的课程，也是一门培养学生树立正确世界观、人生观、价值观的课程。经过探究和挖掘，“应用文写作”课程中蕴含着众多思政元素，如职业道德、诚实守信、遵纪守法、实事求是等。“应用文写作”教师要充分认识到课程思政的重要性和必要性，针对课程特点、成人学生需求，系统设计教学模式，将专业知识和思政内容有机结合，积极引导学生自主学习，将课程思政中的思政教育最大化。作为教师，要明确自己的育人责任，深化课程思政的教学理念，在不断丰富自身专业知识的同时，努力提升自身的思想政治水平，将知识传授和价值引导相统一，为国家培养德才兼备的社会主义建设者。

参考文献

[1] 习近平在全国高校思想政治工作会议上强调：把思想政治工作贯穿教育教学全过程　开创我国高等教育事业发展新局面[N]. 人民网—人民日报，2016-12-09（1）.

[2] 万力. 论高职院校课程思政建设的必要性——以会计学专业课程为例[J]. 辽宁高职学报，2018（12）.

[3] 牛浩昌，王聪. 高职课程思政特色教学改革初探——以应用文写作为例[J]. 科学咨询（科技·管理），2018（3）.

[4] 果秋婷，张小飞.“课程思政”背景下高职护理专业“药理学”课程教学改革实践探索[J]. 科技风，2019（7）.

实践教学环节在“社会调查实务”课程中的探索与运用

◎ 吴天颖

摘　要：“社会调查实务”课程中的教学实践环节，是检验“实务”学习效果的必备和终结手段。将课程思政融入这个环节，能够使学生以正确的“三观”去了解和剖析纷繁复杂的社会生活，增强课程学习的实际效果。本文就目前课程思政在“社会调查实务”课教学实践环节中的实施现状进行梳理，总结出目前课程思政在教学实践环节实施过程中存在的问题，并提出与之相对应的建议与对策。希望能够切实提升在教学实践环节中融入课程思政的成效，加强学生专业实践能力的同时提升其思想道德素养。

关键词：课程思政；教学实践；“社会调查实务”课

在 2016 年全国高校思想政治工作会议上，习近平总书记提出，“各门课都要守好一段渠、种好责任田，使各类课程与思想政治理论课同向同行，形成协同效应”。[①]根据这一要求，我们需要将“思政课程”转变为“课程思政”，在课程的内容和教学环节中融入思政元素，加强社会主义核心价值观的渗透。本文就以“社会调查实务”课中的教学实践环节为例，探索如何在培养学生选定调查主题、设计调查问卷、进行数据整理汇总与分析、撰写调查报告等各方面的实际操作能力的同时进行思想政治教育，形成全课程、全方位的育人格局，提升学生的专业能力和思

① 习近平在全国高校思想政治工作会议上强调：把思想政治工作贯穿教育教学全过程　开创我国高等教育事业发展新局面[N]. 人民网—人民日报，2016-12-09（1）.

想道德素养。

一、课程思政在教学实践环节中的关键目标

社会调查研究已成为及时把握社会发展脉搏、客观认识事物变化发展规律、准确判断社会发展趋向、果断做出科学决策的重要方法和手段。“社会调查实务”课作为行政管理（专科）专业的选修课，正是希望通过系统全面地介绍社会调查的原理和方法，使学生能够理解并掌握社会调查的基本原理、方法和操作程序。在教学实践环节中融入课程思政，有助于学生宏观地认识当前社会的历史背景、树立正确开展社会调查的“三观”标准、改善有效提升调查质量的思想方法，以便更好地通过实务操作来观察社会变化、分析社会关系、解释社会现象和把握社会规律。

（一）学会宏观认识当前社会的历史背景

中国社会正处于快速变动的转型期，尤其是改革开放以来，国家对内实行经济体制改革和政治体制改革，通过建立社会主义市场经济体制从而解放和发展生产力，通过建立中国特色社会主义制度构建以人为本的社会主义和谐社会；对外不断引进先进技术，加快社会主义现代化建设，提升综合国力。在教学实践环节中，可以通过列举实例向学生贯彻习近平新时代中国特色社会主义思想，比如以农民工就业情况的调查为例，引出目前中国仍处于社会主义初级阶段，农民工的就业及民生问题既关系着社会的和谐稳定也影响着社会主义现代化的建设成效。通过融入思政内容，学生可以宏观地认识当前社会的历史背景。

（二）树立正确开展社会调查的三观标准

开展社会调查就和做人一样，需要树立正确的世界观、人生观和价值观。在教学实践环节融入思想政治教育，如马克思主义思想，有利于帮助学生树立正确科学的世界观、人生观和价值观，既为正确开展社会

调查提供保障，又是科学理论走向现实生活的必然趋势和中国特色社会主义现代化的内在需求。通过树立正确开展社会调查的“三观”标准，学生能更加明确开展社会调查的目的、意义，始终牢记和秉持开展社会调查的初心；在调查实施的过程中，不计得失，甘于奉献，牢记并贯彻落实开展社会调查的基本职业素养，坚持诚实守信和保密原则，对调查数据的整理和分析要时刻保持客观、实事求是的态度，对调查对象的资料严格保密。融入与思想政治有关的内容，能帮助学生树立正确开展社会调查的“三观”标准，既加强学生的专业实践能力，又培养提升学生的思想道德素养。

（三）改善有效提升调查质量的思想方法

教学实践环节中涉及的调查主题选定、调查问卷设计、调查数据分析、调查报告撰写等内容都有需要遵循的相应原则和规范，学生在具体的实践过程中往往能够按照相应的原则和规范去执行，较为完整规范地完成整个教学实践环节。但是，学生更多的只是依葫芦画瓢，书本上怎样写，他们就怎样去做，并没有深刻理解或者是去深究书本上为什么这样写，在实践操作中又为什么要去这样做。换而言之，学生往往只知其然，而不知其所以然。尤其是许多出于职业道德素养的一些原则和做法，只有融入思政相关的内容去进行讲解，才能加深学生的理解和印象，让他们明白其重要性和必要性，进而改善有效提升调查质量的思想方法，加强学生在整个社会调查实践过程中的顶层设计，拔高社会调查的立意和质量。

二、课程思政在教学实践环节中的实施难题

课程思政融入教学实践环节的成效存在两极分化的现象：有的学生不仅能够宏观认识当前社会的历史背景、选择合适的与思政相关的选题；树立正确开展社会调查的“三观”标准参与调查的全过程；通过教学实

践环节对思政的相关内容有了切身的体会和感悟，改善有效提升调查质量的思想方法，具备能够自己独立开展社会调查的能力；但也不乏小部分学生混迹在各个小组中间，浑水摸鱼，敷衍了事。上述现象的产生主要是由于教学实践环节的设计缺乏多样性、学生缺乏主观能动性以及教学实践环节的评价机制不够完善等问题。

（一）设计缺乏多样性

一方面，目前教学实践环节在内容上过于单一，主要是让学生围绕某一个和思政相关的调查主题，以小组为单位制定调查方案，并根据小组制定的调查方案进行资料收集和实地调查，通过问卷法和访谈法等调查方法，将调查所得的数据和资料进行整理汇总，得出调查结论并撰写调查报告。虽然短期内确实取得了一定的成效，但是长此以往学生也会因倦怠丧失新鲜感，觉得这样的教学实践环节未免有些千篇一律。

另一方面，目前的教学实践环节在形式上也存在局限，我们不得不考虑确实会有学生相比较以小组形式完成教学实践环节，可能更倾向个人独立完成教学实践环节，甚至还会有部分学生认为除了以开展社会调查并撰写调查报告作为教学实践环节以外，还可以采取其他形式开展教学实践环节。

（二）学生缺乏主观能动性

一方面，由于教学实践环节并不能在日常的教学课时内去完成，需要学生利用课余时间去完成。而成人高校学生不可避免的一个问题就是工学矛盾，况且除了工作、学习他们还需要兼顾家庭等各方面，所以不少学生觉得教学实践环节无疑加重了他们的负担，尤其以小组为单位开展社会调查，还要考虑各个小组成员的时间安排，在协调上存在较大的难度，因而学生对于教学实践环节的态度并不积极，主要抱着一种完成任务的心态。

另一方面，在教学实践环节中融入思政元素，也让他们觉得有些“高深”，不接地气，不贴近他们的生活，尤其在提到一些和思政相关的调查选题时完全提不起他们的兴趣和积极性，难以产生共鸣。所以无论是从时间、精力还是兴趣方面的考量，都缺乏完成教学实践环节的动力和主观能动性。

（三）评价机制有待完善

一方面，教学实践环节的评价标准目前是以小组为单位，根据小组提交的调查报告的质量来进行评价打分，但是小组内各个组员的分工和任务不同，对待教学实践环节的态度以及完成各自任务的情况也参差不齐，甚至尽管同一个小组选择了同一个和思政相关的选题，在完成的过程中对于思政的理解和认知也存在差异。面对这样的情况给同样的分数难免有失公允。

另一方面，整个教学实践环节虽然最后以一篇调查报告作为呈现，但其中包含的方方面面不能完全不做考量，仅仅将提交的调查报告作为评价打分的主要依据未免过于片面，毕竟教学实践环节中除了撰写调查报告，还包括调查选题的确定、调查方案的制定、调查的实施、资料的收集整理等各个环节。

三、课程思政在教学实践环节中实施的对策设计

很多时候，单纯地以老师讲授为主的形式无法让学生深入理解课程，尤其是理论方面的知识，如果不加以实践运用，学生对理论知识的理解可能是片面的。同样的，如果单纯地在课程讲授的过程中融入思政元素，直接高举社会主义核心价值观的大旗，直白地告诉学生你们应该如何，也不会让学生有太多的印象和感触，理解也不会全面透彻。只有将思政元素融入教学实践环节中，让学生在亲身的实践之中去感受和理解思想政治教育相关的内容，让学生明白要依托相应的思想道德品质和素养才能够达成实践的目的和效果，让他们发自内心地认同和接受，才能更好

地促进思政元素在专业课程中的渗透。为了更好地让课程思政融入教学实践环节，我们需要确保教学实践环节的多样性、加强学生的主观能动性、建立完善的评价机制。

（一）确保教学实践环节的多样性

一方面，要确保教学实践环节的多样性，在内容上就不能过于单一，不能一成不变，永远只是制定调查方案、进行实地调查、撰写调查报告，还可以选择各类和思想政治相关的调查选题让学生进行小组讨论抑或是列举各类社会热点问题，让学生从思想政治的角度进行辩论分析，引导其宏观认识当前社会的历史背景，不断拓宽和丰富教学实践环节的内容。

另一方面，要确保教学实践环节的多样性，在形式上不能局限，不能只有以小组为单位的形式，也应该有以个人为单位的形式，供学生自主选择。学生能够根据自己的喜好选择以小组的形式或者是个人的形式参与教学实践环节，尽可能让更多的学生充分参与教学实践环节中的方方面面，深刻理解和贯彻开展社会调查所要遵循的职业道德素养，树立正确开展社会调查的“三观”标准。

（二）加强学生的主观能动性

一方面，要将教学实践环节纳入常规的教学课时中，比如：将原有教学课时中的一小部分课时设置为教学实践环节，或者是将教学实践环节的分数纳入期末成绩中的一部分甚至可以尝试将教学实践环节作为期末大作业替代期末考试。相信只要教学实践环节不过多占用课余时间或突出其重要性，就能够在一定程度上提高学生参与教学实践环节的主动性。

另一方面，大部分学生在选题阶段都比较迷茫和不知所措，倾向向老师寻求意见和帮助，老师正好可以顺水推舟，在指导他们如何确定选题的时候有针对性地提供一些和思政相关的主题进行举例说明，埋下种子，让学生对思政类的选题产生印象和兴趣，促使他们选择和思政相关的选题进行调查研究，进而通过实践潜移默化地加深学生对思政的认知和理解，从而改善有效提升调查质量的思想方法。

（三）建立完善的评价机制

一方面，当前的教学实践环节评价机制过于单一，仅仅通过最后提交的调查报告作为评价的主要依据无法全面评价学生在整个教学实践环节中的表现。需要对现有的评价机制进一步细化，建立一套完善的评价机制。选题是否和思政内容相关、选题是否具有创新性、整个调查实施的过程中是否严格遵循相应的职业道德规范等内容都应纳入评价机制中。

另一方面，调查小组内的组员之间也有必要进行自评和互评，以便多方面多角度了解每一位组员在整个教学实践环节中的表现。不同的分工、任务的难度系数和工作量也不尽相同，对于每项任务和分工应该设立不同的分值，进行综合的考量后再给出最终的分数，尽可能地让评价机制公平、公正、全面。

参考文献

[1] 郑建茹．对分课堂教学模式在社会调查与实务课程中的应用实践研究[J]．保定学院学报，2019（4）．

[2] 李佩文．高校“课程思政”实践研究[D]．成都：四川师范大学，2020．

[3] 刘洋，樊子瑶．行政管理“专业思政”建设创新研究[J]．当代教育实践与教学研究，2020（12）．

[4] 谌莉．高职专业开展课程思政教学路径研究[J]．科教导刊（下旬），2019（12）．

[5] 高玉平．论新时代高职院校思政课实践教学保障体系的构建[J]．广东交通职业技术学院学报，2019，18（3）．

运用混合式教学模式开展课程思政的探索——以上海开放大学行政管理专业“西方行政学说”为例

◎ 张歆涵

摘　要： 混合式教学模式是提升开放教育质量的有效教学方法，笔者将混合式教学模式应用于“西方行政学说”课程思政实践中，线上拓展学习“面”，线下深挖学习“点”，帮助学生正确认识中国特色和国际比较，全面客观地看待外部世界，从而更加坚定中国特色社会主义道路自信、理论自信、制度自信和文化自信。

关键词： 混合式教学；课程思政；行政管理

在校大学生正处在人生成长的关键时期，这好比小麦的灌浆期，这个时候阳光水分跟不上，就会耽误一季的庄稼。[①]课程思政的意义就在于“灌浆”，使成人学生能在学习过程中收获正能量。行政管理是一个为社会主义建设培养新时代“四有”行政管理人才的专业，而合格的社会主义行政管理人才，必须旗帜鲜明讲政治，坚决拥护中国共产党领导和社会主义制度，立志为中国特色社会主义事业奋斗，这与思政课程目标是一致的。

开放教育集合了多种现代远程教育技术，使学习者不仅能够通过线上学习平台完成学习，而且可以在辅导教师的帮助下确保学习的质量。然而，开放教育在有效拓展了高等教育资源接受面的同时也为课程思政的开展提出了挑战，辅导教师如何在课时压缩、对象缺位的背景下完成教学任务的同时实现育人目标，笔者认为混合式教学模式是在开放教育

① 徐川．做新时代的有为青年[EB/OL]．人民网—人民日报，2018-08-30（5）．

背景下实现课程思政目标的必由之路，并在所授“西方行政学说”课程中进行了探索。

一、混合式教学在开放教育课程思政中的作用

（一）混合式教学模式符合开放教育教学的传统

混合式教学模式是开放教育教学采用的主要教学方法。开放教育运用广播、电视、手机、电脑、互联网等现代技术手段突破了时间和空间的限制，其技术优势实现了人人、时时、处处可学，以上海开放大学“西方政治学说”课程为例，面授课时为全日制高校的 50%，另 50%的课时体现在成人学生通过学习平台开展自学上，线上微课、视频课、直播课等会代替教师以讲授的方式向学生传授知识，这便要求课程辅导教师需采用“以学生为中心”的模式，与学生充分交流，掌握学生学习进度，了解学生学习需求，引导学生联系实际，提高学生应用知识解决实际问题的能力。混合式教学把传统学习方式的优势和网络化学习的优势结合起来，既发挥了教师引导、启发、监控教学过程的作用，又充分体现了学生作为学习过程主体的主动性、积极性与创造性，与开放教育教学的传统不谋而合。

（二）混合式教学模式能够满足成人学生的学习需求

混合式教学模式能够充分帮助成人学生实现学习目标。成人学生有突出的工学矛盾，在工作的同时又要兼顾家庭，因而无法像全日制高校学生一样抽出整块的时间进行学习，他们倾向自主学习；同时因学习能力、专业基础的限制无法完全通过自主学习达到学习目标，存在面对学习要求和形成性考核任务手足无措的现象，需要辅导教师发挥“导学、助学”作用。混合式教学作为融合了线上和线下的复合式教学手段，教师密切关注学生学习状态和学习进度，不仅答疑解惑，而且运用团队学习、任务引导、社会实践等方式，帮助学生学会学习，调动学习积极性，

提高学习效率，有效缓解工学矛盾的同时满足学生自我表达、自主探究的需求，从而在知识与技能、过程与方法、情感态度与价值观三个层面实现教学目标。

（三）混合式教学模式有助于课程思政方法的创新

混合式教学模式是在开放教育中创新贯彻“三圈三全十育人”理念的必由之路。上海教育系统在贯彻立德树人根本任务中，提出了“三圈三全十育人”的理念，即聚焦第一课堂、第二课堂、第三课堂，校内外合力推动思想政治工作更上一层楼。然而，开放教育的特殊性导致面授课出勤率普遍偏低，如笔者从教的班级平均出勤率不足1/3，换言之，由于对象的缺位，辅导教师难以通过第一课堂开展课程思政。混合式教学模式使第一、二、三课堂有机融合，教师根据学生特点、课程内容、出勤规律等灵活选择教学方法，使“单向”灌输式思政教育向“双向”主动探究、自动生成式思政学习转变，化解成人学生学习的功利性，使其面对课程思政从消极抵制向喜闻乐见转变。

二、混合式教学模式下的课程思政设计与实践

（一）混合式教学模式下的课程思政设计理念

第一，使成人学生理性认识西方行政管理实践。西方行政学在一百多年的发展过程中产生了丰富的理论成果，极大地推动了西方政府行政管理能力和效率的提高。部分成人学生对西方行政管理实践存在偏差，片面地认为“西方经验是先进的，应向西方学习……”，而忽视了“西方进步”背后的历史、文化、社会、经济、政治等影响因素。笔者认为，需要在“西方行政学说”的辅导过程中引导学生挖掘“西方进步”背后深层次的原因，理性看待西方经验，摘掉迷信西方的“有色眼镜”。

第二，使成人学生理性认识中国特色社会主义背景下的行政管理实践。围绕西方行政展开教学，容易走入空谈西方的困境，难以引起学生

的共鸣和代入感，因此还要结合中国政府行政的理论沿革和实践，结合学生身边人、身边事，在西方行政和中国行政之间做到自然衔接，下大力气研究课程内容和中国实践，分析其中的共性和个性，引导学生在学习和实践中感悟社会主义制度的优越性、个性。

综上所述，围绕“西方行政学说”开展课程思政，就是要避免空谈西方经验，帮助学生正确认识中国特色和国际比较，“我们要向资本主义发达国家学习先进的科学、技术、经营管理方法以及其他一切对我们有益的知识和文化，闭关自守、故步自封是愚蠢的”。[①]引导学生在学习西方理论和西方经验的同时，在历史比较、制度比较、文化比较中肯定中国实践，坚定中国特色社会主义道路自信、理论自信、制度自信、文化自信。

（二）混合式教学模式下的课程思政的实践过程

1. 线上：分享学习材料，树立理想信念

专业学习重在积累，笔者通过班长在班级微信、QQ 群中定期分享学习材料，要求学生认真阅读。材料的选取和目的如下：

（1）时事社评：培养学生的家国情怀。

笔者希望学生在知晓国家政策内容及习近平重要讲话内容的同时，从经典社评中用不同的视角去汲取分析思路，培养学生深入思考、系统分析的习惯，了解国家大政方针、政府行政行为、行政法规等背后的政治内涵，进而帮助学生分析政策、理解政策、接受政策，养成关心国家大事、关心国家发展的家国情怀。

（2）国际要闻：培养学生的国际视野。

笔者结合“西方行政学说”的教学内容和要求，选取对应国际要闻，如“美国政府停摆”“美国中期选举”“法国黄马甲骚乱”“英国脱欧的前世今生”“2000 年美国大选风波”“古巴导弹危机”等，有时事也有历史，使学生运用理论知识，正确认识世界和中国发展大势，正确认识中国特色

---

① 邓小平. 邓小平文选（第 3 卷）[M]. 北京：人民出版社，1993：44.

和国际比较，全面客观认识当代中国、看待外部世界。

线上分享学习材料是学生理论学习的一大补充，学生可以在学习西方行政学理论内容的基础上，了解理论提出的背景和理论践行的效果，进而激发其主动思考中国行政学发展，乃至于中国政府行政，从而养成“理论学习—阅读材料—结合实践—深入思考”的学习模式，并树立学习为国的理想信念。

2. 线下：理论结合实际，端正思想认识

（1）材料讨论：端正思想认识。

笔者会在课前就线上分享的材料与学生展开讨论，掌握学生的阅读情况和感受，适时引导其理解政策、时事背后的深层含义，并及时发现学生理解的误区并加以纠正。如一位同学分享了她阅读香港回归有关材料的感受，并追加阅读了西方户籍管理的网络材料，进而询问关于“人口流动自由”的问题，笔者以国务院办公厅下发的《关于支持返乡下乡人员创业创新促进农村一二三产业融合发展的意见》文件为切入点，帮助她认识到自由并非最终目的，而是实现国家发展的手段，面对脱贫攻坚战，我国近阶段需要使经济发展的成果向乡村辐射，其中最重要的是人才回乡，带动就业增收、脱贫致富。这样一来，便在师生之间形成了“阅读—思考—提问—解惑—立志”的良性循环。

（2）合作学习：产生思想共鸣。

由于成人学生阅历不同，工作性质不同，人生阶段不同，在学习探讨的过程中难免遇到分歧，课前短时间的讨论难以起到求同存异、形成共识的作用。笔者将互相存在分歧的学生组成学习小组，将分歧内容作为合作学习的任务，小组成员分工协作，在课外收集资料，课上交流研究成果，形成了思想共鸣。在学习西方国家政府与议会关系时，笔者补充了议会决策流程。学生就我国全国人民代表大会与人民政府各自所承担的角色展开了激烈的讨论。笔者便以此为题，引导学生浏览全国人大、中央人民政府、人民网、新华网、中国知网等官方网站和学术平台，查询相关资料和学术论文，让学生们阅读，并在课堂上介绍阅读内容，交流心得。为避免偏离研究轨道，笔者从旁辅导协助，师生共同学习，最终纠正了学生思想上、认识上存在的偏差，帮助他们真正认识社会主义制度的优越性，使其学习兴趣大大增加，学风大大好转。

三、教学反思

（一）线上课程思政的方式有待多样化

上海开放大学独特的混合式教学模式，压缩了师生线下互动的时间，辅导教师对学生的思想状态把握得不够准确。此外，上海开放大学学习平台有其特有的网上学习资源、习题和小组任务，完成后即可取得形成性考核分数，教师额外布置的作业无法计入其中，故有部分学生会将阅读任务视为额外的负担而不愿意完成。因此，要避免课程思政方式的单一性，赋予教师一定的自主性，鼓励教师采用多种教学和技术手段开展课程思政。

（二）线下课程思政有待与线上课程思政进一步衔接

笔者采用线上阅读、线下讨论的方式开展课程思政，已阅读相关补充知识的学生能在课堂上进一步消化知识，而没有进行线上阅读的学生往往对课堂讨论内容一知半解，造成了课程思政效果的不平衡。因此，实践课程思政的过程中不仅要运用混合式教学手段，而且要注重学生在传统课堂的获得感，使线上线下有机衔接。

参考文献

[1] 习近平在全国高校思想政治工作会议上强调：把思想政治工作贯穿教育教学全过程　开创我国高等教育事业发展新局面[N]. 人民日报，2016-12-09（1）.
[2] 陈瑞欣. 运用“课前三分钟”时事政治讲述培养大学生国际视

野[J]. 学校党建与思想教育，2019（1）.
[3] 邓小平. 邓小平文选（第3卷）[M]. 北京：人民出版社，1993.
[4] 何克抗. 从Blending Learning看教育技术理论的新发展（上）[J]. 电化教育研究，2004（3）.
[5] 刘光峰. “正确认识中国特色和国际比较”解读[J]. 马克思主义研究，2017（6）.
[6] 刘霞，陈东. 指向深度学习的混合式慕课教学模式探究——以“马克思主义基本原理”慕课为例[J]. 现代教育技术，2019（5）.
[7] 王海威，王伯承. 论高校课程思政的核心要义与实践路径[J]. 学校党建与思想教育，2018（7）.

成人高校课程思政的教学案例实践
——以“公共关系学”为例

◎ 赵文淳

摘　要： 本文以上海市静安区业余大学公共关系学课堂中的教学案例为基础，选取了四个方面，分析了其与思想政治教育协同推进的具体作用。最后对如何进一步实施“公共关系学”课程思政提出了自己的建议。

关键词： 公共关系学；课程思政；案例

公共关系学是一门形象经营管理的应用性学科，涉及多个专业的教学，学生覆盖面广。当下，课程思政强调要利用好课堂教学这个主渠道，把立德树人作为教育的根本任务，让各类课程都与思想政治理论课同向同行，形成协同效应。在这一方面，公共关系学与思想政治理论课有诸多相通之处，可以相互借鉴，相互融合。在对象上，两者都是与人的沟通，只不过公共关系是与范围更广的社会公众沟通；在方式上，两者都是以道德、心理等柔性手段作为宣传、沟通、说服的主要方式；在目标上，思想政治是帮助学生树立正确的世界观、人生观、价值观，公共关系是维护组织的良好形象，都是追求真善美。因此，在公共关系学课堂实施课程思政，可谓顺理成章，顺势而为。

笔者认为，公共关系学课堂承载着思想政治育人的使命，应充分发挥课堂优势，通过良好的课堂内容、传播方式、交流体验，构建全员、全程、全课程育人格局。从实践来看，教学中的案例讲述能够吸引学生注意力，使学生讨论的热情和参与度提高，反应良好，是有效的课堂教学方式。因此本文就从公共关系学课堂中已经使用的案例着手来讲述课程思政。

一、爱国主义教育案例

爱国主义教育是所有课程开展的基础，是学校、教师、学生都应遵守的原则共识。课堂教育的目标是要让学生建立起爱国、爱党、爱社会主义高度统一的思想意识，树立起热爱祖国、维护国家团结统一、发扬中华民族优良传统，为祖国发展贡献自身力量的坚定信念。结合公共关系学课程，爱国主义教育内容既可以是中国形象的国际展示，也可以是中国形象的对内体现。笔者在公共关系学课堂上以宣传片为载体对学生进行爱国主义教育。

笔者在备课时观看了国内外大量的宣传片，最终精选了《中国国家形象宣传片——人物片》《中国国家形象宣传片——角度篇》《你好，一带一路》《G20 杭州峰会宣传片》《40 年，中国与世界》这几部。宣传片的播放，让学生走出工作、家庭的小环境，看到社会、世界的大格局。学生能直观地看到中国的飞速发展，看到人民生活质量的改善，看到中国为世界发展做出的贡献，使学生对祖国取得的伟大成就由衷感到欣喜，激发为祖国发展做出自身贡献的正能量。

公共关系强调公开性原则，即不仅要做得好，更要说得好。宣传片是形象展示的窗口，能让学生突破时间、空间的限制，了解国家的现实情况，感受到人民利益与国家发展的结合。这些变化不是高高在上，而是近在咫尺，影响着我们的日常生活。成人学生的年龄和经历让他们很容易就能捕捉到蕴含在专业知识里的价值引导，并结合自己的经历有较深的感触，容易与课程思政潜移默化的道德塑造产生共鸣，反过来也能改变自身学习专业知识的态度。

二、社会公益教育案例

公共关系学的基本性质包含公共性、公开性、公众舆论性及公益性。其中，公益性是最高层次，不是每个企业都能达到公益的境界。因此，企业如要有一定的社会影响力，社会责任的承担必不可少。

比尔·盖茨创立全球最大的私人基金会，帮助非洲改善生存环境；马云让阿里巴巴中高层尽其所能帮助中国铁路网站建设，只为让农民工能买上一张回家过年的车票；冯仑以身作则，组织徒步穿越活动让更多人关注环保及治沙问题，等等。企业家们都在用自己的实际行动证明，一切向钱看的企业不是好企业，自觉承担社会责任，有温度的企业才是好企业。良好的信誉、诚实的品德、友善的态度都能使企业打造属于自身的品牌，提升公众认知，树立良好的长效形象。

诸如此类,课堂上列举出了较多关于公益性的案例,让学生理解“公”的含义，教育学生要有“公”心，这和思政教育的理念也是一致的，要做一个爱国、爱党、爱社会的好公民。学生从中能感受公益的大爱，感受公益的高尚，让学生在日常工作、生活中追求说真话、做善事、塑美型的公考关系价值，努力使我们的环境更好，社会更和谐。

三、诚实守信教育案例

陈先红在其《现代公共关系学》一书中用“说真话+做善事+塑美型”来概括公共关系，十分形象贴切。由此我们可以看出，公共关系的基础是说真话，对企业如此，对个人也是如此。说真话是诚实守信的重要组成部分，也是课程思政中实事求是的教育内容。

在课堂中，笔者给学生列举了很多实例。

从正面来看:《大宅门》中百草厅东家自我检讨，一把火烧光自家7万两白银的假药；海尔在凭证供应年代，砸毁所有有质量问题的冰箱；华为接受国外媒体采访，尽显开放姿态和产品实力。

从反面来看：“毒奶粉”事件中，700万吨奶粉被污染，虽然召回问题产品，却仍无法阻止消费者高价购买洋奶粉，对整个国产奶粉行业造成冲击；山东大虾事件中，从一盘虾38元到一只虾38元，坑害消费事件不仅伤害了一家店的信誉，也毁掉了当地积累多年的“好客山东”形象；“假疫苗”事件中，在疫苗生产中偷工减料，造成重大安全事故，引发全民声讨。

通过正面和反面的案例对比，学生可以看到，“人无信不立”，企业无信是不能实现长久发展的。

诚实守信是做人做事的基本原则，若是投机倒把、暗箱操作，看似赢得了短期利益，实则是目光短浅、自我毁灭的败笔之举。成人学生中很多都是创业者或单位的经营管理者，课堂中的教育能起到督促的作用，为他们的诚信经营和长久的发展提供非常重要的参考和借鉴。

四、灵活创新教育案例

在公共关系中，灵活创新可以理解为随着时代的变化，不墨守成规，在公共关系原则下，开展适应现代发展、解决现实问题的公共关系工作。特别是在危机公考关系的处理之中，要遵循危机处理的五大原则，才能化险为夷，转“危”为“机”。

课堂上为大家列举了一些案例，如“315”被曝光事件中，针对媒体和公众的不信任，某公司35岁的年轻公考关系部经理冷静思考，沉着应对，团结团队，分头行动，迎难而上，坚持不懈，最终成功化解危机；如某百货公司，在错误卖出空心货样唱机后，连夜追打35个紧急电话，寻找顾客，并在第二天清早登门向顾客赔礼致歉，送上新机，另附一张著名唱片、一盒蛋糕和一套毛巾。其办事效率和对危机的重视程度感动了顾客。

从上述案例中可以看到，发生危机并不可怕，怕就怕没有灵活创新的思路。危机的处理是要以一种积极的态度去直面它，迅速的反应去处理它，迎难而上的勇气去解决它。课堂中教育学生在面对工作和生活中的各种危机时，要沉着不乱，冷静思考，用专业的知识去判断，巧妙地化解危机。在人与人的关系中，多站在对方角度，换位思考，理性应对，有效地解决问题，重建良好的形象。

五、总结

公共关系学中的案例教学，以视觉听觉等多样形式和通俗易懂的故事内容，巧妙地融入思政教育，增强了传播的效果和接受度，达到了课程思政协同发展的要求。笔者认为将思想政治教育融入公共关系学课堂教学，两者无缝对接，通过教师的引导和点拨，为学生打开思路，潜移默化之中增强学生思想道德修养，加深专业文化品质，最终使学生在课后自觉地去提高个人政治觉悟的目标。本文中只是简单列举了四个方面的案例内容，在实际的教学中还有大量案例有待后期研究。

当然，在公共关系学的任教中，教师本身要提高政治素质，不断学习文件精神，明确好课程与思政是互融而非互孤立的关系，把握适当的案例选择，理解案例，用好案例。教学中还可结合个人讨论、小组讨论、角色扮演等多种教学方法，达到立体多维的课堂体验。

笔者希望能以案例为种子，以课程为土壤，以思政为大树，树立育人的教育宗旨，达到课程思政的协同效果，将课程思政更好地贯彻到课堂教学中去，同时在教学过程中不断改进。

参考文献

[1] 杨晶晶. 高校专业课教学的“课程思政”建设——以公共关系学课程为例[J]. 视听，2018（3）.

[2] 陈先红. 现代公共关系学[M]. 北京：高等教育出版社，2017.

“社会问题——社会保障概论讲座”融入课程思政教学的探索

◎ 周家源

摘 要： 近年来，全国高校根据习近平总书记关于加强高校教师思想政治教育和立德树人、办人民满意的教育的重要指示，除了思政课程外，更提出了通过专业课程传播思政，将思政教育融入专业课程教学。上海市于 2014 年率先提出了从思政课程到课程思政的转变。成人高校教学在面临学生数量减少、工学矛盾严重、学习主动性低等问题时，在专业课程中设计融入思政元素，探索强化学生思想价值引领，做到学生综合素质的整体提升。本文主要对“社会问题——社会保障概论讲座”这门课程设计具有思想价值引领性作用的课程思政案例并做反思探讨，并提出了相应的改进对策。

关键词： 课程思政；社会问题；社会保障；成人高校

“社会问题——社会保障概论讲座”是行政管理专业的一门专业选修课。为了提高学生自主学习能力，加强学生思想价值引领，针对行政专业学生开展了本课程的全新教学设计，通过社会保障概论基础知识的学习，促进学生运用知识点正确理解和考虑现实问题。在学习过程中，特别注重对当下社会保障问题的分析和解决，以及对社会保障政策的理解。

一、融入课程思政的教学设计

“社会问题——社会保障概论讲座”课程根据在专业课程中开展课程思政的要求，采用“面授辅导+网上案例学习”的教学模式。课程内容结合在混合式教学上的探索，在课程中对现有线上线下教学资源进行整理及分享，将现代信息技术、视频技术与课程融合；课程中包含许多时事政策及社会故事、案例等，刻板的书面教材讲义是有局限性的，需要从时间和空间上拓展了教学维度，学生也可以选择适合自己的内容，开展个性化学习，发挥学生的主体作用。

（一）面授教学设计

由于课时及学生实际出勤情况，在本课程的面授教学中设计了导学课、专题性课程、案例讨论课程及复习答疑课程。分成以上 4 个模块，主要考虑通过模块化的设计，适当地过滤和整合一些碎片化的教学内容、知识点。通过导学课了解学生的实际工作经历与对社会保障概念的了解程度，掌握学生的学习需求和学习能力，整合一些容易学习的自学内容和基础概念放到网上课堂学习内容中。在不断提高课堂面授课程教学效率的基础上，避免按照章节报流水账般的教学方式给学生带来的枯燥感。做好专业课程融入课程思政的大前提是，在完成基本的教学任务时潜移默化、润物细无声地弘扬社会主义核心价值观，将我国现有的社会保障政策的内涵正确地传达给学生。分成 3 个模块教学，要按照不同的模块设计不同的教学环节。各模块围绕教学目标安排课时与教学方法。

导学课主要是让学生对课程的概况和教学安排有初步的了解，同时要从内容中挖掘出学生学习本门课程的意义，激发学生学习的意愿和积极性，这有利于实现课程教学的目标。

专题性课程是核心内容，所分配的教学课时也是最多的。专题性课程主要以讲座和互动环节作为基础，整合教学内容，主要分为社会保险概述、社会保险——养老保险、社会保险——医疗保险、其他社会保险、社会救助专题、社会福利专题等六大专题，由这六大专题讲座内容。在内容选择上既要与教学大纲相吻合，更要接地气地贴近学生实际的学习需求。

案例讨论课程，以基于专题性课程的教学内容，结合社会时事热点问题开展的以学生讨论为主，教师点评讲授为辅，将师生互动、学生之间互动相结合的教学模块。这是学生在课程学习过程中的实时反馈和教师评价学生学习状况的重要环节，更是开展课程思政的实施环节。具体设计如下：首先，教师在面授课前给学生布置搜集案例资料的任务。布置任务时需要有具体的操作方法和内容针对性。教师可以提供指定社会保障案例，也可以由学生自行选择。其次，对于学生搜集的资料，指定学生根据教材不同章节的内容进行知识点挖掘和分析，如就业问题、养老问题、子女教育问题属于社会保障的哪些内容。最后，在课程案例讨论环节中，学生交流分析案例，教师做好引导及纠错的任务。除了书本提供的知识点外，对学生自行搜集的非指定案例中的社会热点问题进行分析讨论，这是对书本知识点的补充。

复习答疑课程主要是帮助学生掌握本课程考核的形式及内容，为学生提供复习内容，明确我国社会保障制度建设已经取得的成果及其社会效果，看到我国当前社会保障制度建设和完善过程中面临的问题和今后努力的方向。

（二）网上教学设计

网上学习主要依托网上课堂开展，是对面授课程的有效补充，网上案例资料主要是社会热点案例和各大主流媒体新闻报道及社论。这些案例既是教材资料需要补充的知识点，更是社会上重点的社会热点问题，能激起学生的学习兴趣。教师会将面授 4 个模块的教学课件统一上传，方便因工学矛盾无法出勤上课的学生。

网上教学的另一个模块就是网上实时小组。在现代社会，微信基本已经是每一个工作者必备的社会交流软件，除了网上 BBS（网络论坛）讨论外，微信群讨论群也是一大新的教学阵地。在课程的网上教学环节，主要布置案例的讨论，对已面授课程的学习内容进行巩固补充，教师要做好引导者和促进者的角色，帮助学生在小组讨论中开展自主学习和合作学习，营造良好的共同学习氛围。网上资源是一把双刃剑，有非常多有益的、有深度的学习内容，当然也会有许多错误引导、片面的甚至是完全错误的资料，学生一人独自学习时无法正确分辨资料的好坏，造成的负面学习效果也是不容忽视的问题之一。通过教师组织的网上学习平台及学习小组、微信群可以有效避免此类情况的出现，每个学生和教师均可以对小组成员提出的各项问题发表自己的看法。

将网上学习的表现作为学生综合考核的一样重要参数，教师有针对性地对每一个学生的网上学习表现进行总结与评分，在每一阶段的讨论过程中做好记录评价，主要评判学生的自主学习能力、发言的频数及质量，团队协作能力，等等。同时，与最后的课程考评相结合，每一个学生针对教师给定的社会热点问题完成一份最终的分析报告。报告撰写的内容就是面授及网上学习时讨论的案例及知识点内容，要求学生完成时要结合知识点，做到理论与实际紧密结合。学生能形成正确的价值观和世界观，对现有社会保障的社会热点问题有正确、客观的思考。

二、课程思政教学评价

非思政专业如何采用科学、有效的方式把思政教育融入课程之中，如何把社会主义核心价值观、中华优秀传统文化、社会主义先进文化同教学和学习紧密联系起来，是当前学校不断探索的课题，也是课程评价的主要目标。

在教学方式上，当今正处于信息化时代，学生们天天都在接触电子产品、手机、电脑等，学习资料可以从书本拓展到网上课堂、手机课堂内。这增长了学生学习的积极性，也解决了学生学习时间碎片化且工学矛盾突出的问题，同时也为教师开展思政教育拓宽了渠道，降低了学生的排斥感。在完成导学模块后，应及时在课上及微信群中提供网上课堂的学习链接。在教学计划中提前设置网上 BBS 讨论的时间并告知学生，让学生明白网上自主学习和讨论的重要性。

在教学准备上，尤其是成人高校，班级学生情况各不相同，年龄、工作经历、之前的受教育程度完全不同，普通的面授课教学使用较为固定的教案，有些学生思维活跃，发言积极踊跃，课程推进得很顺利。这样可以让原本就积极参加学习的学生有一个展示自己的机会，也让默默无闻的学生有了更多除了书本上的实际知识，增加了其学习兴趣。

在考试形式上，重视学生过程性的学习成果，对课程学习状况、网上课堂学习情况、案例讨论积极性、网上 BBS 交流发帖都给予相应的考核分数，最后的考试形式也从卷面考试改为大作业的形式。因为避免了枯燥乏味的课程气氛，学生对多样化的教学方式表示满意，最后的作业质量也能够体现学习成果。

三、教学反思

成人高校在实施课程思政的过程中还有一些问题需要反思和解决，如何督促学生有效地自主学习，如何开发高质量的教学资源，如何让课程内容更加贴近学生实践工作，如何将课程思政内容融入教学环节，这些都是需要不断完善改进的方向。

（一）时事热点问题涵盖知识点过广

在“社会问题——社会保障概论讲座”这门课程中除了社会保障相关的热点问题与本课程是紧密结合之外，学生关注的和搜集到的一些案例、社会热点问题更多是涵盖多门学科及多项社会公共政策的，在面授课程及网上交流时为保证教学内容的准确性，笔者在相关问题的解答和学习上还有所欠缺，这也让笔者意识到对于课程内容的具体分析和掌握还需更加细致，指导学生搜集资料的方向应该更加准确，聚焦本门课程的学习内容适当地、有效地融入思政教育是未来提升教学效果和质量的重要方向之一。

（二）互动学习参与度有待提高

互动学习让学生对知识产生兴趣，在“社会问题——社会保障概论讲座”课程中很多内容是和学生自身密切相关的，有些学生更是在单位中从事相关工作，将原本枯燥的知识点讲解变成学生结合实际的经验分享和交流，既完成了教学计划中知识点的学习，也让学生们对于一些迷茫的似懂非懂的内容有了正确的认识和补充。对于网上实时的互动学习内容，学生参与度还不够，教师需要在网上课堂的内容上继续深化打造，可以将具体的讨论内容，包括学生讨论发言的观点和结果做成微课视频，通过微信群和网上平台拓展学习渠道，让更多未能出席面授网上学习的学生参考学习，鼓励更多的学生参与互动学习。

参考文献

[1] 吴明芳. 高职院校会计专业课程思政实施路径探析[J]. 机械职业教育，2019（7）.

[2] 史瑞芬. 让专业课堂“思政飘香”——从护理“人文课程”到护理“课程人文”[J]. 护士进修杂志，2019（14）.

[3] 高德毅，宗爱东. 从思政课程到课程思政：从战略高度构建高校思想政治教育课程体系[J]. 中国高等教育，2017（1）.

思政课“脱口秀”的实践探索

◎ 朱 漪 顾聪超

摘 要： 思政课“脱口秀”是一种寓教于乐的教学新模式，兼具娱乐性与教育性，教学内容紧跟社会热点，板块灵活组合，师生平等对话，气氛活跃，引人思考。本文论述了思政课脱口秀的主要特征，包括教学内容的广博性、及时性、组合性，教学组织形式的开放性、灵活性、现场性，师生教学关系的民主性、亲和性、互动性，从基本要素和基本要求两个方面阐述了思政课脱口秀的组织形式；以上海静安业余大学朱漪思政课脱口秀为例，分析了具体脱口秀的教学内容和教学效果。

关键词： 思想政治课；脱口秀；效果

“脱口秀”是一种主持人设计主题，提出话题，与现场参加者一起分析、讨论，并开展一些互动节目，诸如小品表演、小型辩论等电视节目。其突出的特色是，话题紧跟社会热点，契合参与者问题需求，主持人风趣幽默、口若悬河、能言善辩、擅长表演、善于交流，风格独特，既轻松愉快又给人启迪。课程思政需要以轻松愉悦的形式吸引学生听课，达到寓教于乐的教育效果。好的脱口秀节目应该兼具娱乐性与教育性，这是脱口秀能够引入课程思政的主要依据。因此，我们从 2019 年开始，尝试在成人高校开展思政课脱口秀的教学实践，取得了一定的教学效果。

一、思政课脱口秀的主要特征

（一）教学内容的广博性、及时性、组合性

从广博性来看，既然是思政课脱口秀这样的功能定位，就决定了思

政课脱口秀的内容是极为广博的，什么内容都可以拿到脱口秀评说一番，可谓五花八门、琳琅满目、五彩缤纷。当然，其中的主线是思想教育与价值引导，不可等同于搞笑剧场的无厘头，一笑而已。从及时性来看，既然是脱口秀，那就一定是评说最新事件，能体现课程思政教学内容的时政新闻的及时追踪、热点问题的深度解析等。例如，2019年的热点问题是中美贸易战，这里面可以有许多内容可以深入挖掘。包括经济方面的贸易政策、产业政策，政治方面的战略决策、社会管理、领导人的选举能力等，都是需要梳理归类的。用活生生的事例来说明重大的政治经济问题，展现中美两国不同的制度差异、管理模式，引导学生深刻把握世界发展态势，感悟我国发展优势。从组合性来看，思政课脱口秀具有鲜明的板块组合性。从课程思政角度来讲，专业课与思政课的组合、专业课之间的组合、思政课之间的组合，至少是三大板块的组合，还有不计基数的交叉组合，数理化与文史哲的组合、小品表演加辩论的组合、线上线下的组合，等等，都可以产生“1+1>2”的效果。

（二）教学组织形式的开放性、灵活性、现场性

内容决定形式，既然思政课脱口秀的教学内容丰富多彩、无所不包，那么思政课脱口秀的教学组织形式也应该是开放、灵活与多样的。唯有大开大合、灵活多变的表现形式，才能容得下丰富多彩的教学内容。这种教学形式一要体现开放性。学校课堂向社会大课堂开放，书本知识向社会生活开放，师资人员向全社会开放，工农兵学商皆可为思想教师。至于教学形式的开放性，就更是线上线下，开开合合。二要体现灵活性。思政课脱口秀不应该是一种或几种固定模式，而应该是随机应变、灵活多变的。不同类型的学校、不同性质的专业、不同特征的学生，脱口秀都应该有不同的教学组织形式，如研讨型、表演型、活动型、亲和性、思辨型、动手型等，不一而足，都可以大胆创新。三要体现现场性。这是脱口秀最大的特点，文本只是一个大概提纲，具体教学内容完全要根据现场情况做调整，而且要突出现场师生即兴发挥，这样才能够体现脱口秀对话内容的真实性与生动性，起到意想不到、意犹未尽的教学效果。

（三）师生教学关系的民主性、亲和性、互动性

尽管所有课程教学的师生关系都要体现民主性、亲和性、互动性，但是许多课程由于各种原因很难这种做到这“三性”，“师主生被”，课堂气氛严肃、沉闷等是不少课堂师生关系的实际写照。为什么难以打破传统课堂非民主性的师生关系，难以释放压抑热情、抑制兴趣、冷酷无情的教学情绪？一个关键原因就是教师一人唱独角戏，课上就是教师给学生灌输知识，所谓的教学方法就是如何想方设法让学生被动接受现成知识。创新是现代教学的基本理念，学生掌握现成知识，哪怕是主动掌握现成知识，都不是现代课堂教学的终极目标，而只是学生自己建构知识、创新发现的必要基础，也就是接受或传授知识不再是课堂教学的落脚点，而只是创新知识的一个基础。要通过学习方法的启迪，让学生自己去主动掌握知识，教师要做好学生学习现成知识的引导者、辅导者，而不是课堂现成知识的主讲者。实验一再证明，互联网知识经济时代，学生接受知识的途径早已经突破单一化的课堂教学模式，许多知识不用教师传授，学生自己就已经知晓与理解。因此，现代化的课堂教学必须体现师生关系地位的平等性、接受现成知识的对等性与竞争性、创新知识的机会均等性。基于此，思政课脱口秀就是试图彻底打破传统课堂教学模式，把学习的主动权完全交给学生，让学生在完全开放的脱口秀教学模式中去体验民主平等、对话协商、角色扮演的教学效果。这种全新的教学模式彻底颠覆了传统教学窠臼，教师就是一个活动组织者、话题引导者、活动过程穿针引线者，而真正的主角是现场的学生，他们可以随时提问与质疑、可以即兴表演与辩论、可以会心一笑与开怀大笑，这是真正的亲民特质课堂！

二、思政课脱口秀的组织形式

（一）基本要素

一是主持人。脱口秀是由一人或多人主持，师生共同参与的教学模

式。主持人可以是教师一人主讲，也可以是学生做主持人，还可以是教师与学生合作主持。主讲人既要设计好吸引人思考的主题，又要做好管理并协调现场。脱口秀对主持人的要求是具有丰富的生活经历、情感体验、人生感悟。只有热爱生活、善于思索的人，才能对现实生活问题给出最准确、独到的解析。比如对社会问题的看法较为辩证，不会做出极端化评析，或过于乐观或非常悲观；富有正义感与同情心，对社会弱势群体的命运表现出最真切的关注；具有高度的教育责任感，急学生之所急，用自己的亲身经历去感染学生、教育学生、激励学生。成人高校教师应当将人生阅历和社会经验当作思想政治教育工作中重要的精神资源，潜移默化地实现思想政治教育的预期目标。二是受众。受众主要是成人大学生，要求学生根据主讲人提出的话题进行认真思考，积极参与活动环节，与主讲人互动。三是主题。可从课本或是热点事件中提炼出多个主题，分次讲演。课程思政所设定的脱口秀主题需立足价值教育主题，决不能偏离教学大纲，更不能违背社会主义核心价值观。四是现场。现场可以是适合现场录制的电视媒体需要的录播室或适合表演的小剧场。总体上，以上要素的要点就是主持人形式、现场录制、形式多样、师生讨论、板块组合、气氛活跃。

（二）基本要求

脱口秀教学绝非教师个人秀，它可以借助一切可利用的资源丰富授课内容及教学手段。一是教师可利用多媒体技术，巧妙穿插一些影视、新闻片段、音乐、图片赏析等多种视听素材做辅助手段，使课堂呈现立体、多维、动态的教学效果。二是教师应该丰富课堂形式。如设置现场采访、话题辩论、心理测验、小品、游戏、演讲、演唱等形式，大胆尝试多种可用于课堂教学的模式，增强课堂教学的趣味性、互动性。三是教师与学生互换角色，设置主题。让学生提前准备或者即兴发挥，让学生成为“秀”的主持人，在做好充分准备的基础上，合理组织语言，尽情与老师和同学交流。在教师的引导和鼓励下激发学生主动参与，“秀”出风采，“秀”出个性。

三、思政课脱口秀实例评析

总体上，思政课脱口秀体现了对社会问题的深入思考，学生提出了负责任的观点，展现了高度的社会责任感，把思想引领和价值塑造融合起来，展现教师教学魅力，提高思政教育的说服力、吸引力。下面我们以上海静安业余大学一堂脱口秀为例，评析具体教学效果。

“高校思想政治课是我们输送给青年学生的思想营养、精神营养，再有营养的教材，如果味道不好，学生也不愿意听、不愿意吃，学生接受度低，就很难达到应有的效果，所以思政课不但教材要好，还要把课上精彩。”①教育部党组副书记、副部长沈晓明在学习贯彻全国高校思想政治工作会议精神座谈会上一针见血地指出了当下高校思政课程所面临的艰巨挑战。上海静安业余大学朱漪教授身为政治法律专业组组长，始终坚持站在教学第一线，在课程实践中不断探索课程思政新形式，力求打破说教式的传统思政课堂。朱漪首次在上海静安业余大学的课程思政课堂上以时下流行的脱口秀形式与学生交流互动，摆脱传统教学的束缚，为成人高校课程思政改革打开了一片新天地。

（一）初心使命，学习习近平总书记讲话精神

朱漪甫一开场就抛出了“党的初心”这一话题，向学生们解读前不久党中央召开的“不忘初心、牢记使命”主题教育工作会议上习近平总书记的最新讲话精神。中国共产党的初心就是全心全意为人民服务，朱漪用生动的语言引导学生共同学习习近平总书记的重要讲话，使学生深刻意识到党的初心和使命永远是以人民为中心，永远同人民想在一起、干在一起，使“不忘初心跟党走，砥砺奋进新时代”的信念深深地在学生心中扎根。

---

① 教育部副部长：高校思政工作要周周讲、天天讲[N]. 中国教育报，2016-12-23.

（二）时事热点，正确看待中美贸易战

当下最牵动人心的国际事件莫过于中国与美国之间的经贸摩擦问题。中美贸易战是否会对中国的经济产生严重影响？学生们带着这个疑问向朱漪寻求答案。“中美经贸摩擦升级对外贸影响可控”“无人能阻止中国不断强大，各国必须接受”……朱漪直接引用商务部副部长所给出的官方数据以及新加坡总理李显龙的公开讲话来回应学生的担忧，以事实说话，坚定“四个自信”。

（三）道德规范，感受榜样的力量

高校思政课不仅是理论学习，更是引导学生树立正确的世界观、人生观、价值观重要阵地。朱漪通过现实生活中的真实案例和学生们开展了一次有关于拾金不昧的道德大讨论。他说：“能不能做到拾金不昧，是检验一个人道德是不是真正高尚的试金石。真正的心安理得，就是道德上不做任何亏心事，做一个心底干净、光明磊落的人。真正有道德的人，就是人前人后一个样，任何情况下都能言行一致、洁身自好。”朱漪的一番慷慨陈词在赢得掌声的同时，也触动了学生的心灵，发人深省，更催人向上。

（四）社会问题，净化校园环境，警惕黑社会

校园里的一条横幅——“扫黑除恶，严厉打击”吸引了学生们的注意，朱漪结合党中央、国务院决策部署精神，通过案例解读让大家深刻认识到此次扫黑除恶专项斗争与你我息息相关。学生们纷纷表示坚决拥护党中央国务院的打黑除恶专项部署，和谐社会不容黑恶势力猖獗。2019 年是中华人民共和国成立 70 周年，在这场思政脱口秀的最后环节，朱漪建议学生们各自向祖国说一句祝福，表达自己对祖国的真挚情感。“改革开放”“繁荣发展”“和平统一”“科技强国”“道德高尚”……这些关键词充斥在每一位学生的祝福声中，无不表达着他们内心深处对祖国的热爱。

总之，脱口秀的课堂新形式解锁了思政课全新的打开方式，发挥了思政课教师的主导作用，通过引导所有学生深度参与每一个教学环节，并紧密结合爱国教育、时事热点、社会动态和道德规范等，引导学生在活跃的氛围中将知化成行。此番尝试旨在推动思政课课堂变革，迎合学生的需求，解决学生的困惑，坚定学生的理想信念，为成人高校思政课程改革开辟新道路。

参考文献

[1] 季学凤. 浅谈《金星秀》对思想道德修养与法律基础课的启示[J]. 亚太教育，2016（3）.

[2] 季学凤. “脱口秀”在高校思想政治教育公共课中的应用[J]. 山东农业工程学院学报，2017（7）.

[3] 耿禧则. 将“脱口秀”引入高校市场营销专业课程教学的相关研究[J]. 教育教学论坛，2016（3）.

[4] 郭好. 电视节目课程化探索——以脱口秀为例[J]. 新闻研究导刊，2016（11）.

[5] 张国平. 今晚 80 后脱口秀对政治课教学的启示[J]. 教育参考，2013（12）.

[6] 洪皓轶，顾芳芳. 现场脱口秀在大学课堂应用的传播效果分析[J]. 现代物业（中旬刊），2011（2）.

[7] 于海洋. 英语脱口秀节目中的会话修正研究[J]. 济南大学学报，2013（5）.

[8] 庞伟. 融媒体时代下广播脱口秀节目的发展研究[J]. 哈尔滨师范大学，2016（6）.